BREVIARIUM
POLITICORUM,
Seu
ARCANA
POLITICA
CARD. JUL. MAZARINI
Multis locis Auctius

Cum Privil. S. R. Majeſt. Polon.
& Elect. Saxon.

Typographus Lectori.

Uem ad me Princeps Italus tractatum hunc Politicum in lucem edendum miserat, gravissimis districtus negotiis, typis mandare distuleram, nunc ejusdem Excellentissimi Principis jussu publicum facio. Materiæ dignitas, & Eminentissimi Cardinalis Mazarini nomen, ad

cujus, vitæ modulum & normam adornatæ sunt & compo-
sitæ quæ hic proponuntur maxima, superpondium non leve
politicis regulis, quæ vulgo proponuntur, additurus est. Quam
enim gravissimis procellis im-
mersus, & tantum non sub-
mersus fuerit. Eminentissimus
Princeps, neminem fugit, sed
quibus artibus varios illos ad-
versæ fortunæ æstus, à quibus
obrui debere videbatur, enä-
tando superärit, & ad salutis
portum felicissime pervenerit,
colligere non ita cuilibet obvi-
um est, quas periculosissimis illis & difficillimis temporibus

adhibuerit, maximas in potentiss. Regni, variis factionum partibus distracti, administratione, atque è plurimis & variis difficultatibus mallius gloria, emerserit, & quod non leve est ad illius gloriam momentum, *LUDOVICI XIV.* omnium, Gallie Regum facile Maximi, priusquam ad clavum sederet, animum illis regnandi praeceptis imbuerit, quibus Regni habenas capessens, Gallie limites longe lateque dilatavit, & illam ad summum dignitatis & potentie culmen evexit, excerpere arduum est, sed hoc se fasce levabit hic Tractatus,

tus, & tam vix exasciatum
& omnibus numeris absolutum
præceptorum Politicorum ex-
stet systema, cum particulares
circumstantiæ, quæ regulas generales admodum variant, sint
infinitæ, ideo nulla facilior fe-
liciorque tradi potest ratio, quam
si regulas illas generales ad particulares illas circumstantias, à
quibus pendent, aptantes, disciplinam solis præceptis generali-
bus stipatam, ex theoretica
practicam seu activam redda-
mus. Voti autem illius facilius
compos evades, (Lector bene-
vole) si illustre hoc exemplum,
ad cujus velut politica cor-
phæi

phæi & antipsignani protyecim, sese attemperare, & suæ prudentiæ regulas accommodare student hodierni Politici, oculis tuis observari contendas: Ita tamen te geras velim, ut quidem rationes & normas, quibus viri Politici uti solent, perspectas habeas, non tamen ut decipias, sed ne decipiaris, utramque hanc summæ prudentiæ normam conjungendo, quas & æquitatis atque justitiæ regula illa generalis, & Evangelium præceptum præscribunt: Quod tibi fieri non vis, alteri ne feceris, Estote prudentes sicut Serpentes, & simplices

sicut

ficut Columbæ. *Quòd præ-*
terea de Conciliatione Anima-
rum adjunximus Artificium,
undiquaque inculpata, & ex
limpidissimis fontibus à celeber-
rimo Artifice deductæ doctrinæ
Politicæ, omne fert punctum.
Hoc nostro labore fruere,
& Vale.

Ubi ingenium excolendum.

ANte omnia ingenium æstimandum, quid non possit & quid possit, ut naturæ nostræ semina sequamur; nisi & opes & ætatem cum opera perdere desideremus. Præceptores moribus hujus seculi aptos eligamus, quorum mores doctrinamque æmulemur, qui in omni doctrina nos ad præsentis temporis mores formare sciunt. Religio te non avocet, quô minus te tuosve illis committas: persuasio quædam superstitiosa est, certæ nationis nævum ab homine Politico finem suum adsequi desiderante magni æstimare.

De ratione studiorum.

ILli te in sermonque erudient latinâ: Poësin modernorum Politicorum, seu Elegiâ variâ concinnandi modum, qui multum facit ad inclarescendum, docebunt, ubi in omnibus summa tibi cura est incumbendum, ut inter doctiores deprehendare, quin etiam aliquando ad publicas declamationes, majorque actiunculas theatroque admittare

mittare, ut aliorum mores & gestus non solum aspicias, sed & imiteris: hinc enim incredibilem tibi comparabis audaciam. Imprimis Politico necessariam, ut cum hominibus in honoris aliquo gradu conversari, ac colloqui non refugias. Philosophia toti, sub qua Logica, Physica, Metaphysica, Ethica, Politica, Mathesis, sub qua rursus Arithmetica, Geometria, Astron. Geograph. comprehenditur, te totum tradas, ne tamen Steganographia, Mathematicarum deliciarum, artis Mnemonica, similiumque artium obliviscaris sed his post alias imprimis operam trades, quibus te cunctis possis acceptum reddere, nihil enim tam occupat hominum animos, seaquae ad promotionem sternit, praesertim apud Magnates, quam regia & divina Mathesis, praecipue Optica, ut nisi quis rationem noverit, artes magicas & Daemonis esse praestigias facile dixerit.

De studio studiorum.

POstea vero quum omnigenam tibi scientiam artium quarumvis, si non exquisitam & distinctam, tantum qualem qualem & confusam comparaveris, ut de omni scibili disserere possis, in hoc cardo rei consistit, ut scientiam, artemve unam excolas, & ita excolas, ut pares perpaucos invenias. Quod fit (I.) autores non multos, sed in illa scientia exquisitos perlegendo, perlectos retinendo, in quo tibi non exigui eris adjumenti, praecipua maxime.

ximeque notabilia ad locos communes redigen-
do, quia hac praxi plurimorum contenta libro-
rum unico quasi intuitu oculis & animo subji-
cies. Deinde doctis te associando, eorum
loquelas, modos & methodicas rationes obser-
vando: quia si cum paribus quotidie conversaris, nulla ab his promanabit tibi utilitas. Postremo si forte contigerit, aliquem alicujus rei
scientiæ, problematis, aut artis facere mentio-
nem, cujus nullam omnino notitiam scienti-
amve aut aliqualem, sed imperfectam habue-
ris, repente ei contradices, impossibilitatem
falsitatemque allegabis, & quicquid ipse dixerit
refutabis, hac enim ratione ipse mentem suam
tibi explicabit, rationes adjiciet, difficultates
amovebit, & ita non modo addisces, quod ante
ignorabas, sed etiam hoc fortius retinebis, quo
magis antea contradixisti. Ea enim est doctis-
simorum hominum natura, ut supprimi se non
patiantur, sed omni conamine laboreque ac
industria sententiam suam & opinionem contra
obloquentes defendant ac tueantur.

De religione hominis Politici.

UNicam quilibet Christianus homo sibi eligere
religionem tenetur, eamque talem, qualem
ad beatitudinem sibi conducere credit, hancque men-

*menti tuæ & animæ ita inscribere ac insigere, ut
Deus & ipsimet hoc solummodo sciant: Numini
enim revera innotescat Politici hominū vera religio, sed ita Politico religioni suæ adhærendum,
ut tenaciter quidem ei sit mancipatus intrinse-
ce, sed extrinsece coram aliis, (si temporis & loci
necessitas id voluerit) in adiaphoris tam simulare dissimulareque semper citra levitatis notam
discat. Aperta enim religio sæpe assequi scire
politicum hominem impedit.*

Mores interni.

Sic instructo summa cura videndum, quibus modis conveniat esse homini ad hæc
tempora Politico. Continens sit lingua,
quicquid in buccam venit, temere aut frustra
non proferat: nullum excidat verbum, nisi
quod aliis placere, aut sibi possit esse commo-
do. Nec tam Politicus sit & tenax veri, quam
fingere tanquam aranea artificiose, quod ad u-
tilitatem suam faciat, discat mature. Aliorum
dicta factave taciturus ne facile prodat, nisi
commodum inde speret. Affectus in omnibus cohibeat, simulet, libidinemque suam oc-
cultare discat: nihil tam nocet, nocuitque homini Politico, quam apertus animus, lingua veri prodiga, consiliorumque detectrix. Taciturni-
tas enim est tutissimum rerum administran-
darum vinculum: unde nemo res graves susti-
nere potest, sui tacere grave. Caveat ergo

Politi-

Politicus, ne varias res ab aliis crebro ſciſcite-
tur, præſertim quæ nihil ad ſuam utilitatem
faciant, hinc enim garrulitatis ſuſpicio oritur
apud Prudentes, ſecundum illud : Perconta-
torem fugite, nam garrulus idem eſt. Porro
verus Politicus aliis potius; quam ſibi proſit,
ſed ut ſibi nec nocet, itaque ſi quid propalan-
dum, unde emolumentum posſit venari, arte id
per alios arcanos aucupetur, vel quocunque modo alio faciat. Ex eo hoc habebit commodum,
ut animum eorum, quibus cum neceſſario vivendum, occupet. Cavendum à converſati-
one multorum, cavendum à nimia parium familiaritate, præſertim inferiorum, à quibus nihil commodi, præter contemtum, diverſa ab ea
aliquando judicia, quorum obliviſci non remi-
niſci debet Politicus. Quod ſi fecerit, hoc in
tantum ei proderit, ut nemo de eo facile ſit
judicaturus. Politicus aliorum potius, quam
illi ejus, exploret animum: imo Politicus ſpe-
cioſe judicare diſcat, quo alios fallendo, ipſe
tamen omnium habeat amorem & commodum,
& a nemine in actionibus ad honorem digni-
temque ſpectantibus fallatur, ne juret, niſi ne-
cesſitate flagrante, non excuſet ſe, niſi apud ju-
dicem & arbitrum futurum. Apud ſuperiores,
aut ſit, aut fidem mereatur, gratiam & clementiam adſequatur, & omnem perfidiæ ſuſpicio-
nem eximat: in rebus dubiis rarius de crimine
alicujus contra delatores ſe purget, qui levita-

tis habet notam. Publicis conciliis, confiliis, colloquiisque, ne Politicus contradicat, verum fubfcribat omnibus, laudet omnes, & aliorum inprimis ingenio fe diligentiffime accommodet.

Qui fidus nullis, affabilis omnibus, omnes
Decipit, hunc primo fufcipit aula loco.

Sic enim fit, ut animum fuum credant, arcana adperiant, inque fecretiora confiliorum fuorum hominem politicum admittant, qui inde arbitris remotis elicit, quod ex re fua: fique aliquid tamen agendum, quod alios offendat, five in publicis, five in privatis, id non ipfe, fed per alios faciat. Itaque Politicus femper fibi habeat homines impudentes, ambitiofos, nec raro feditjofos, quorum copia facile detur, illorum opera clam ita utatur, ut majus fi quid quam actum, illorum temeritati illud adfcribatur, quam tuæ (o Politice!) calliditati, & præfertim, fi ita clanculum tuas adminiftrare & moderari posfis actiones, ut fi confilia perfvafionesque, quas aliis fubminiftrafti in adverfum ceciderint, continuo eas, quo modo libet fecundum arbitrium tuum posfis interpretari. Nihil agas, nifi circumftantiis ante probe excusfis, finem mature proponas, futura profpicias, fortunæ actiones tuas ne committas, fed vel arte, vel fimulatione finem tuum adfequi ftudeas. Sique ita tibi foli rem caute agis, res ipfa fuggerit modos alios fallendi, gloriam, honorem.

rem, commodum cum aura populari adsequen-
di, paritque hæc res admirationem, si quid aliis
in possis ignotum prospicere vel prædicare.

Mores externi.

A Nte omnia videas, ut mores tui aliis sint accepti, quin te suspicionibus, sermone, gestu accommodes, omnia simulando ad captum, ne tu
in adulationis aut assentationis incurras suspicionem, præsertim apud Principes, ut enim contemtum apud pares ita apud Principes non raro
odium conciliat. In aula Principum parum situm
oportet agere, multa audire, pauca loqui. Politicum oportet esse instructum interdum, non minus
facetiarum historiarumque, quam sapientum
consiliorum copia. Pocula, si quando necessitas fla-
gitet, non detrectes, imo aliquando Principem
largius invites, tum potissimum, quando aliquid
commodi speras, sicque assentatoris vitium decli-
nans optima cum Principe conversaberis, & ne
Princeps animum tuum exploret, versutus sis, &
versatilis. Cum nullo hodie conversaberis auda-
cter, nisi probe cognoveris illius ingenium.

Mores cum æquabilibus
& minoribus.

DE cæteris cum aliis ita vivas, ut summa
humanitas in vultu, verbis, gestibus ad-
A 4
pareat,

pareat, omnibus te paratum & promptum offeras studiis, servitiis, quæ tamen absque tuo
damno sunt. Gavendum, ne in promissis ita
sis prodigus, ut facultas factum præcludat, sed
illa modereris adfectum benevolum, ut magis
de te expectent futura, quam petant præsentia:
si enim plus promiseris, quam serves, levitatis
incurres suspicionem, quæ odii causam parit.

De vitæ conditione eli-
genda.

Moribus formatis, studiisque excultis tibi videndum est, qualem vitæ velis eligere conditionem, & quo loco. Conditioni enim tuæ
præcepta politica aptentur, ex singulis enim præceptis politicis ea sumes, quæ tibi sunt necessaria,
eaque tanquam digitos tuos tibi redde familiares, in eaque præcepta, consilia, facta, rerum e-
ventus, causas, modos, fines & similia non ad
utilitatem publicam facientia, sed tuæ commodis ac fortunis præcipue inserbientia, obserbabis.
Quæ prosunt imitari, quæ nocent, disces declinare ac fugere. Deliberandum porro tibi, an ser-
viendo vitam transigere, an vero aliis imperando
(aut aliis tibi servituro) cupias.

Electa

Electa conditione, qui ad officium adspirandum.

Electa conditione ac loco, ut officium tuum elocare velis, prima cura animum subeat, ut te illi adjungas, cui succedere velis, sit apud Principem in gratia & populi autoritate, si vero nec gratia valeat, nec autoritate, illum, qui primus teneat, omnibus sectariis studiis, adfectibus huius faveas, inter illum & alterum per tertium quendam clanculum dissidia atque contemtus excites, adeo ut alter alterum cupiat oppressum. Omnibus te gratum acceptumque reddes. Ii enim amantur, qui liberati, moribus praeclari & rationibus instructi, ad omnia servitia officiosi, & tempori & foro se applicare possunt. Omnibus ad nutum te accommodabis, doctorum hominum consilia & actiones observabis, donec favorem occupes & promotionis habeas spem. Sic ergo conditionis tuae officium tibi detrectandum non est, ita tibi ad altiora adspiranti aditus non praecludatur.

Ratio in officio suo se gerendi.

Primum honoris gradum nactus, cum officii ratio

A 5

tio aliorum familiaritatem exposcat, in ea ita te tempered ne nasutus aliorum consilia notare, aperte contemnere, illisve refragari videare, unde arrogantiæ suspicio facile odium tibi possit conciliare, sed omnia consilia votaque repetita approbes, laudes, si tamen adversentur tibi, commoda explicatione flectas, ut tuum subjiciens videaris habere aliquid recondita prudentia, quod alii in se desiderant. Hinc & autoritas & gratia adfectus sequitur, præsertim si humanus fueris in conversatione singulari; sed cave præter verba ne simulationes animi tui reconditas detegas. Fidum te cuique obsequium præstiturum pollice bere.

Ratio majorem dignita-
tem consequendi.

INterea observabis, quemadmodum ad altiores honorum titulos tibi liceat pervenire; imprimis mutuæ amicitiæ affectus potentiorum familiarum quæres. Cujus tamen præsertim ambis dignitatem, honorem & officium, ut videas, quomodo aliorum, qui ipsi tibi favent, auxilio, propositum tuum valeas adsequi. Politicus enim alterius ope inprimis eget. Tum id omnibus modis laborandum, ut vel filiam vel illius agnatam ducas, cujus familia apud Principem sit in gratia, sit ampla & potens, qui vel ipse vel per suos te non promoveat, (id enim abjecti est animi,) sed tu conatus,

ipsum

ipſorum juvare videaris. Cumque jam arte tibi fuerit notus in hunc illumve illorum animus, ulciſcendi injuriam gratia omnia agas, ut
tamen adfectum erga illum ſartum tectumve
ſerves; & ſi non omnia poſſis excuſare, cul-
pes, deplores, nullius te participem ſimules, &
ita animum explores: ſique fueris in ſuſpicio-
ne, tum demum locus erit, ut jurejurando ex-
quiſitiſſimo te purges, quo commoniti homines abhorrent quidquam de te mali ſuſpicati
vel credere. Non tamen occulta aliis detineas
ſubminiſtrare conſilia, ut illi per ſuos te quaſi
ignorante, perſecutionis & oppreſſionis apud
Principem ſpargant conſilia, odium illius ex-
citent, ut ſine cauſa removendi ab officio. Ne
vero ſuſpicio apud alios oriatur, non tantum
juramento te purges, ſed officium hoc detre-
ctare te ſimulet, nihilominus tamen ſpecie re-
cuſantis imperium flagrantiſſime concupiſces.
Hoc ſi ſuccedere non poſſe putaveris, alium ſic
inſtitues: Age ut is, cujus tu ſectaris honorem, vel cum gratia tanquam emeritus dimit-
tatur, vel in officio conſervetur, te tamen ad-
juncto, vel ut idem ad alia promoveatur. U-
xorem veroquam formare debes tuarum actionum adjutricem, cui tuto credere poſſis, quæque omnia cum aliis te inſcio quaſi agat. De
tuis donis ne benefacias amicis: Politicus enim
omne damnum evitabit; Sed hoc age, ut
opera tua aliunde auctis beneficiis & divitiis

venerentur usúque postulante defendant: tutis-
sima enim utilissimaque beneficia, quæ de alienis quasi suis largitur. Noto tamen non Politice, ne tuis & amicis secretissima credes negotia, quæ per te expediri possnm, neque alterius ope indigent, quia si hoc feceris, metuen-
dum tibi, ne cum illos offenderis, tua consilia
prodant, nulla namque major inimicitia, quæ
inter consanguineos oritur, quæ quoquomodo
avertenda.

Si major dignitas sit delegata, quid tum facto opus?

SI majorem dignitatem & regimen imperium-
que à Principe fueris consecutus; major etiam
autoritas, major apud omnes gratia adquisi-
ta, majorem curam callidiorum consiliorum ex-
postunt, ut Principis gratiam, autoritatem & a-
morem populi mox modo consortes, serum subinde
augeas. Arduum hoc & difficile! Cum enim
gratia & autoritas fluxa, nisi fulcro divitiarum
& potentiarum nitantur; (nam paupertas con-
temptum parit,) summa requirit necessitas, ut
divitiarum, ex qua potentia post acquiritur, curam
autoritatis & gloriæ anteseras.

Quid

Quid in assequendis divitiis observandum?

INgenio insidiosus, commodis studiosissimus, omnia supersimulat, ea se velle, quæ non vult, & ea se nolle, quæ vult, quasi infensu quibus consultum cupit, quasi benevolus vero iis, quos odit. Politicus quasi imprimis omnibus benevolus appareat, inferioribus paribus sermone, gestibus in omnem humanitatis speciem demissus, omnibus amicis se simulabit, inimicis tamen potius, ut dixi, quam amicis, atque verbis & gestibus, præsertim si tibi nocere possunt. In novo officio salutabis omnes, & quo fieri potest, singulorum conditionem, fortunas, & illorum præsertim, qui ejus opem & promotionem in aula expescunt, eamque populo reddere queunt commendatam, noscat, ut aliorum petitionem pervertens promotionem & auxilium offerat, idque amicis pariter & inimicis; sic enim laudabitur, habentes illæ culpam diluent. Politico autem adjuvandi promovendique sint omnes, unde spes aliqua utilitatis lucet. Adprime tibi advertendum, ô Politice! ut tales ad officia permoveas, qui timidi, indocti, juvenes, avari, & abjecti sunt animi, quos in tuam opinionem spemetuve flectere facillime possis, ut ad nutum

A 7   tuum

tuum pareant. Cave quis ultro absque suppli-
catione ante oblata vocetur, neque ullus virtute
& meritis potius , quam gratia promoveatur.
Hos tamen tua gratia promotos persuadeas.
Si Collegam praeter spem habeas doctum, qui
tuum ingenium noscat, contra naturam plane
te alium simules, videasque, quibus artibus tibi unum ex tuis Collegis firmissimo amicitiae
vinculo adjungas, (cui cave mentem tuam ulla
ex parte declares,) maximam amicitiam verbis prolixe simules, ut verbo rem complectar,
eum ama, promove, unde aliquid speras;
hunc supprime, odio persequere, unde damnum
times. Si in judicio sententia tuo contraria
patrocinio fertur, ejusdem publicationi non
adsis, neque subscribas, ut vel ignorantiam prae-
tendere, vel possis alio modo te excusare ; id
etiam agas in causis tuorum adversariorum,
quasi impeditum iri, nec eos offendere velle: siquidem in faciem tibi nullus est offendendus,
neque enim injuria è vestigio vindicanda, sed
occulte intervallo temporis interjecto, ne animus inimicus, quo tibi odium conciliabis, periculum aliquod creet. Itaque abitus fingen-
dus, verum aliquot dies, ne sentiant aulici,
morbus simulatus absentiam excuset, ut aliquot dies ab omnibus curis vacuus meditari
possis consilia secretiora, quibus causam ad nutum flectere rectius queas. Ante omnes vero
ad dignitatem aliquam promovebere , si gratiam

tiam Principis quoquo modo præ aliis ambias
& occupes, persuadeas Principi, ne omnibus
caufis fit præfens,fed tantum gravisfimis,pugna-
re id cum autoritate ; quo id hinc tibi redundet
commodum, ne Princeps ex crebris exercitatio-
nibus aftutiorum, mores tuos advertat, aliorumque candorem experiatur, & tibi præcluda-
tur copia, ad beneplacitum tuum omnia referenda, & animus Principis in tuam fententiam
flectendus.

De opibus & divitiis acquirendis.

Dixi Politici autoritatem & gratiam fine divi-
tiis fluxam effe, inftabilemq; & proinde, qui
aliorum indigent,fuam autoritatem proftituere
cogantur, ideoque nil, nifi fpe commodi agendum
fufcipiendumque eft, nullis promobeantur, qui
tua commoda non una opera promobere poffunt.
Proinde curandum maxime, ut opes corradas,
quod ex ftipendio fieri non poteft, neque ex be-
neficentia Principis commode, quia hoc animum
fordidum indicat, & autoritatem minuit.Itaque
principio inopia fublebamen adberunt munera
fupplicantium, berum hac cautione opus eft, ut
bidearis à muneribus alienuffimus, habeas alios,
qui poffint, qua & qualia tu folis munera illis
oblique fuggere, ut non tibi,fed bel miniftris,
bel uxori afferant munera,teque nil minus agere
quam ut ejusmodi munera acceptes perfuade-
ri;

ri, quibus inscius quasi omnem promotionem præ-
fes , ut & alii hac promptitudine commoti ad
majora præstanda alliciantur. Se tamen negotiũ
honestum alias difficultates habeat , ut possis tuto sumere, ne cures, cum effectum fuerit, verum
suis demandes , ut digno munere laborem com-
pensent. Cave assuefacias homines , ut parva
afferant, vel acceptes exigua, (quæ esculenta, quæ
libere potes acceptare autoritate Imperii,) acce-
ptando enim parva munera ditior non es futurus, sed insuper δημοζωνίας vitium incurres. A
Principe nulla sunt munera suscipienda , sed potius tamen ei offeras, sic (1.) commendabere, quod
Princeps te carere non possit , ultroque tibi non
postulanti maxima dignitas veniat. Summa
quod ad altissima adspirat, simulare debet se mi-
nuta, neque alia munera curare, quod magnani-
mi indiciũ ad majora excitat : De cetero quomodo in eo loco, quo degis , possis ditescere, videas, ut
a potioribus ditescendi modis unum alterumve se-
ligas, neque æstimes, an ex dignitate sit tui muneris, dummodo certa spes lucri subsit, gratus
enim odor ex re qualibet. Poteris quoque cum aliis
societatem clam inire, vel pecuniam, ut suo nomine ex negotiatione tibi adquirant , suppeditare.
Ut autem fidam tibi præstent, partim metus , partim munerationis spes commovent. Ne autem jacturam metuas, hoc pacto illis pecuniã credas, ut si
quid perdant , pecuniã cum fænore nautico reddant, id quod pauci, qui aliunde commodũ abs te
spe-

spirant, detrectabunt. Sique sunt alii modi acquirendi divitias, eas non negligas, etsi sordidissimas, ut vero certus sis, num institutores tui fidem tibi praestarint in administratione, bonorum exploratores habeas famelicos domitus, qui cavitatem omnem perceptent, omnia exquirant, quae in rem sunt tuam.

De Divitiis magis magis-que augendis.

Postea vero, quam aliquas divitias corrasisti, ô Politice! non negligendum, ut multas caupones, multa praedia, eaque fertilissimas, & commodis tuis augendis aptissima emas, sique praedium aliquod tibi contigerit, quibuscunque artibus vicinorum ambias, si bonis conditionibus impetrare non possis, astutia aggrediaris, ut inter vicinos odii semina spargas, ex quibus prosecutionis surculi, in litis apertae flores abituri, te clam irrogante producantur, processum hunc de die in diem eo protrahas, donec pertaesus molestiarum, per tuos tibi monstratam aliam quaerat conditionem, ut tibi offerat bona sua vendenda. Tu vero cave acceptes illico, quin aliquandiu recuses, donec precibus alio instigare, & meliorem conditionem offerentes commodum te potius officium illi obtulisse alii putent, quam suspicentur, te autore hoc factum esse. Est tamen & alia ratio, si alicujus inhias fundis, v. g. fundi Dominis

ex

ex affectu Vicinitatis ad officium aliquod promotionem offeras, & hac spe commoti vota tua anticipabunt, ut tibi ultro bona offerant. Quæ non tuo, sed alii emant pecunia tua, nomine, inquire, utrum sint bona controversa, (quæ enim in rem faciunt tuam excipias, (& si sunt bona controversa, vide ut si lite sit expediendum, eas promoveas, ut vel paupertate spe vel victoriæ amissa, adactus ultro in tuum commodum litiget, ut bonorum compos fias, si bona non sint controversa, tu lites, quod facile possis excite Permutatione tamen etiam aliquando fundi acquiruntur, si v. g. Principis fundi tua sunt in manu. Hic ubi dives factus, animadvertendum tibi est, ut parium imprimis declines invidiam, quod fit, si omnia humanitatis officia omnibus offeras, quamvis non semper præstes, illis autem præstes, qui tuis serviunt commodis modo prædicto, neque plura promittenda, quam servari queant.

Ratio odiis & calumniis inferioris succurrendi.

SI *fortuna accidente ditescas, ut fortunarum tuarum splendor enitescat; fieri non potest, quin invideant illi, qui æmulari divitiis non valent, sinistre loquantur, quod v. g. sibi aliquid in negotiationibus detrahatur. Sed hic simula animum*

mum Heroicum, habes enim homines leves, quos
exploratum mittas, quid alii de te sentiant, per
quos spargere in vulgus possis, quicquid calumnia
resistentis inserbit, per quos calumniatoribus
communicare possis, te quidem calumniis non moveri, velle tamen indicatum, ut sciant, te non
ignorare, quid de te sentiant, monere tamen, ut
ab omni calumnia abstineant. Neque tutum Politico, ut omnia urgeat, & ad vivum resecet, sed
& falsa perpetiatur potius, quam ut ulciscendi
falsa in veris sibi periculum licet. Nemo cum levi-
bus conversans, levitatis ex conversatione crimen
incurrat, non nisi clanculum per uxorem alios-
que domesticos potius cum iis seria tractet.

Gratiam Principis au-
cupandi ratio.

INterea semper singularis prae reliquis Principis gratia ac clementia verbis aucupanda
homini politico, quo minus sibi à persecu-
toribus & accusatoribus metuat, & summam
inter Collegas dignitatem consequatur, sed
quod sit, te ejusdem ingenio moribusque o-
mnino accommodes, neque id cures potissimum, quod honestum sit, & dignitate, sed quod
Principi placeat, in illius enim aures insusur-
res ficte & simulate quaestus tui causa. Hoc
autem Principi firmissime omnibus argumentis persuadeas, undique conquisitis, imo jurejurando

zando de pejurationibus extremis fanctissime
jures, te in omnibus fanctissimum fore, quod
usque adeo facias, & firmissima fidei tuæ spes, à
Principe concepta, alias radices agat, ut nulla
perfidiæ suspicio, ullis delationibus, accusati-
onibus, apud Principem unquam locum aliquem inveniat, quin Princeps putet, se tuto tibi fidere, credere in sinum tuum effundere ô
innia posse, verum etiam gubernationis maximam partem committere. Hoc autem præcipue vide, ut impetres in ministros inferiores
absolutam committat potestatem recipiendi,
removendi ad nutum tuum, ita enim in majori
eris autoritate, & illorum opera ad commodum tuum, tanquam servis propriis, uti poteris. Et hæc practica maxime fortunis augendis
prodest Politico.

Principissæ etiam gratia & clementia aucupanda, quæ observantia officiis ipsis, & non
aliter, quam ipso actu venari potest.

Hoc insuper notato, ut ex omnibus pro-
ventibus Principis partem detrahas exiguam, &
insuper de spe proventuum novorum mon-
stranda cogita.

ARCANA POLITICA
secundum RUBRICAS
MAZARINIANAS.

Fundamentum.

Dix olim in *sincera Philosophia*; duo mane, Sustine & Abstine olim, nunc Simula & Dissimula, five Nosce Teipsum, Nosce alios, quæ (nisi fallor) etiam priora sustentant, Hæc ergo primo paragemus; Deinde priora in variis Actionibus humanis, & cum ea fere sine ordine accidant, non *fortiato ordine* dabimus.

Nosce Teipsum.

An ira, metu, temeritate, aut qua Passione labores? Qui defectus in moribus, in mensa, in Templo, in conversando, ludendo, cum aliis actionibus, maxime sociabilibus, se notent? Omnia membra corporis examina: an oculus insolentior, pes aut caput justo inflexiores, rugæ in fronte, labiorum extremitates mundæ, tardior aut velocior incessus? Cum quibus agas, an sint homines laudabiles, fortunati, prudentes? Quo tempore maxime incautus reddaris, an verbo, aut moribus cadas?

das? an in mensa dum es potus? an in ludo, an
in calamitate? ubi juxta tacitum *Messes sunt
mortalium animi.* Quæ loca adeas, an suspe-
cta, vilia, infamia, te non digna? Actionibus
tuis cave, nec cautio desit, ad quod servit libelli
hujus lectio, quo loco, tempore, in qua dignitate, & cum cujus dignitatis persona agas?
Adnota singulos defectus, ut in iis mens hoc
tibi strictius attendas. Proderit, quoties contigerit labi, aliquid durius tibi injungere. Si
offenderis ad bilis effusionem eo die, nec ullo
signo prode iram, dummodo sis in talibus
circumstantiis, ubi frustra tuum zelum ostendere possis, nec tibi satisfacere, sed simula, te-
minime læsum, & expecta oportuniorem horam. Nihil ostende in vultu præter humanitatem, aut etiam affectum. Non facile ad quamvis lepiditatem ride. Omnes stude tibi habere
perspectos. Tua secreta nulli unquam prode:
alia expiscare. Nil indecori loquere, aut fac
coram ullo, etsi naturale, & non malitiosum
sit, quia talia alii despiciunt. Constanti in-
cessu modestiam serva, alioquin acribus oculis
observa omnia, & prudenti supercilio curiosita-
tem finias. Tales habentur pro prudentibus,
astutis, & accuratis.

Nosce

Nosce alios.

Multum noscitur in morbo, ebrietate, poculis, loculis, ubi agitur de lucro, aut damno, in ludo, & itinere, ubi laxatis animi ostiis, facilius è latebris prodeunt fera. In afflictione, maxime in injuriosa &c. Hæ occasiones observandæ, in his agendum cum illis, quos nosse velis. Multum juvat frequentare ejus amicos, filios, pueros, familiares, famulos, qui facile munusculis corrumpi possunt, & multa prodere. Quod suspicaris alterum cogitare, ejus oppositum inducas in sermonem, laudando: si is contrarium cogitat, six erit tam cautus ut se non prodat, defendendo, aut apponendo aliqua, ut contrarium sentire ostendat. Quibus vitiis quis laboret, hac arte nosces: induc in sermonem, quæ vitia maxime occurrunt, & quibus amicus maxime posset laborare, quo laborabit, illud acerrime oppugnabit, & execrabitur. Sic Concionatores illis fere laborant vitiis, quos ardentissime accusant. Pete consilium de realiqua, post aliquot dies age cum eodem, Dei enim providentia facile mendaciorum oblibiscimur. Finge te habere notitiam alicujus rei, & coram eo, quem putas scire, vefer, ille te corrigendo notitiam suam pordet. Vide, cum quibus quis converfetur, nam noscitur ex socio &c. Lauda aliquem, vel in afflictione solare, quia in hujusmodi casibus erumpunt obscuræ & occultæ cogitationes. Pellice aliquem, ut vitam suam narret: (quod fieri potest, si tuam narres, fingendo) quas nequitias alterius valerit, hinc.

habebis locum argumentandi de praesentibus ; sed
in cautus esto, ne tuam prodas, Scientiam sic ex-
plorabis: v.g. Epigramma aliquod de legendum si
Laudat nimium, & sit vile, exiguum Poeta est : si
Laudat in quantum est laudabile, Poeta, Sic de cibis infer sermonem, nosces gulosum : idem est de
aliis vitiis & virtutibus. Jubeat proponere in con-
fessu, ut de re ferat judicium per modum joci, quid
quisque valeat, quas virtutes habeat, cui sit prae
officio? saepe enim joci multum de vero texere. Poteris etiam aliquando Medicum agere, talia cibo
immiscendo, quae illos exhilarent, & reddant lo-
quaces &c. Maligni hominis indicium est, qui frequenter contradicit, saepe ad furta descendit talis.
Qui multū se jactant sua praedicantes, non multum timendi sunt. Phantastici sunt, qui sunt scru-
pulosi, tristes, multae orationis, vocales, qui ungues
habent nimium breves, qui faciunt mortificatio-
nes externas sine internis. Ex mendicitate eleva-
tum agnosces, si de victu, amictu queri incipiat:
mendici enim elevati talia prae nobilibus affe-
ctant. Secretum vix tenent vino & Veneri dediti,
quia hi mancipia sunt amasia, illi inconsideran-
tia lingua feruntur. Falsum & jactabundum sic
tenebis: dum itinera, peregrinationes, militiam,
gesta enumerat, tot & tot annos in illo loco egisse.
Tunc summam omnium computa, roga deinde a-
lia occasione, quo anno hac inceperit, quo deserit.
Quot annos vita habeat, magna disconvenientia
patebit. Item quot annos illa urbs habeat, aut ar-
cem)cele-

celeberrimum cujus nomen finge, an noveris interroga: vel tanquam omnium conscium, gratulare illi,
quod periculum hoc vel illud evaserit. Probum virum & ejus pietatem nosces, si in ejus vita obser-
vetur concordia. si ambitio, & loci dignioris appe-
titus desit: non sit affectata modestia, & in omnibus compositio, non effæminatus sermo, non nimis
exterior mortificatio ostendatur, nimis parum bi-
bendo, edendo &c. Natura melancholici sunt aut
phlegmatici, qui se maxime alienos ab ambitione
& fastu jactant, & qui lasi statim amice agunt.
Astuti plerumq́; sunt, qui habent affectatam leni-
tatem, in naso monticulum, & acres oculos. Petatur
ab aliquo consilium aliquod, agnoscetur ejus prudentia, dexteritas &c. Unde etiam fingenda est
mens anceps, & ambigua. Qui facile promittit,
parum ei fide, quia mendax & fallax est. Secreti
tenacem judica, qui tibi per nullam amicitiam
secreta ab alio pandat, ideoque subornu talem, qui
ei concredat, aut qui à te concredita ab eo petat:
sed facilius solent aperire fœminis, pueriśq; dile-
ctis, & iis, quos quiśq; majores & superiores amat:
si tibi alienum secretum prodat, nihil ei committe, quia potest habere, quem tantum diligat ac te.
Literas subditorum suorum jubabit interdum in-
tercipere, relegere, & ad eas respondere. Qui nimis multa peculiaria & nitida habent, effœmina-
ti & fere parum sancti sunt. Qui nimis arma decora habent, fere parum milites, nimium instru-
menta arte culta, parum artifices, nisi excuses a-

B   tas

tas iuuenilis. Item qui sua vi... nimis indulgent, atq; nimiu formosi & amabiles sunt parum
docti. Adulatorem sic deprehendes, finge te aliquid feciße, quod clare sit absurdu, illudq; iacta-
bundus refer: si laudauerit adulator est secq; si saltem siluerit. Amicu falsum aduertes, nunciet illi
aduersus a te instructu, te ad extrema esse redactu,
iura, quibus nix hax... falsa esse deprehensa, si sal-
ut, non curaret, audierit, nunquam erit amicus.
Mitte insuper, qui ab eo tuo nomine consilium petat, & simul auxilii, aduertes, qualis sit ac proba-
te virtute simula tibi omnia falso nunciat a suis
... indocti produnt se nimio nitore in suis rebus, ornatu parietum, cura lecti, aut si quid minus lati-
num proferntur, rident, & ostendunt se aduertere.
Parua statura homines caueas, sunt enim perti-
maces, factiosi &c. Amicorum concordiam sic ex-
plorabis: aliquem eoru nominatim bitupera coru
alio, lauda tunc vel ex silentio, vel frigido respon-
so aduertes totam rem. Propone in conseßu aliquos
casus, quomodo in tali vel tali casu procedi poßit
ingeniose, ex responsa cuiusuis ingenium, & astutia patebit. Item propone, quomodo tales vel tales
decipi poßint injice sermonem de persecutionibus.
Plurima se paßum probabit, qui plurima dicet.
Mendaces plerumq; natura sunt, qui dum rident
habent foßulas in genis. Qui curant nimis sua pel-
lem, ab his parum metus. Ex iuuenibus, & nimis
senibus plurimum in quouis negotio noscitur. Sir
mulator est, qui de eadem re & honest... male loqui.

quitur, ad quod occasio ei danda est. Frequenter
exigui judici sunt, qui multas linguas sciunt, quia
multa memoria judicio obesse solet. Si quis magnas
virtutes subito præ se ferat, qui alias fuerat vi-
tiosus, suspectum habe. Quem putas dicta tua prodere, coram illo loquere aliqua singularia, & talia,
quæ coram nullo alio dixeris, si prodatur dictum,
habes delatorem. Si narrent alii somnia sua, sa-
pius ea narranti, & diversa roges, & discursu facto multum nosces secretum animum. Ut si quis se
tui amantem dicat, expiscare alio tempore somnia, si nunquam de te somniat, fictus est amor.
Alterius erga te animum explora, studia osten-
dendo, aut te ejus inimicum fingendo. Nullius vitiæ
paxim ostende te scire, nec narra aliorum vitia
cum vituperio, aut zelo nimio, iidem laborare iu-
dicaberis. Si accusator alium proditurus ad te
veniat, simula id jam audivisse, & plura alia, tunc
videbis, quod suspiciones & particularia addet,
quæ non fuisset alias dicturus. Qui cum canibus,
pueris jucundis nimis tenere agunt, molles sunt.
Qui ficta voce cum ficta tuis loquuntur, effæmi-
natii proni in Venerem, sic & qui nimis compti,
adornati aliorum oculis placere cupientes & iu-
nioris aut fæminea ætatis nimis observantes. Fal-
sarii sunt, qui omnia nimis facile annunciant nimis probant omnia tua, quia simulata est hæc a-
micitia. Qui coram te nimis acriter in alios inse-
hitur, cavendo, quia tibi idem est facturus. Secreti tenacem sic cape: narra ei aliquid, sub summo secre-

to, id ipsum & alteri narra cum eadem cautela,
submitte tertium fraudis conscium, qui duos hos
conócet, & difcurfui de concredito quid infinuet,
hic apparet, quæ quis, & quis prius prodet, fi ad-
vertant, fe omnes tres quid fimul fcire , qui ne
tunc prodit,hunc tuum fac fecretarium. Alterius
mentem ut agnofcas fuborna alium , cujus ama-
tor eft,& per eum fecretiffima refcies.

Actiones humanæ civiles.

Um viam ingredior nullo fervato ordine,
quia nullum fequor.

Gratiam fibi comparare.

INtellige, quibus rebus amicus afficiatur , &
pró genio munufcula dona, apta erunt Ma-
thematica , tubi Optici, microfcopia, fcia-
terica, fpecula varia, aliaque curiofa , communi-
catio fecretorum naturæ , quibus plenus eft *Mi-*
zaldus. Sæpius alloquere, confulta, & ab eo
pete confilia, atque utere illis. Sed nunquam te
ita aperi, ut fi fiat inimicus, habeat , quo te posfit tenere. Nihil pete, quod difficulter præ-
ftiturus fit, qualia funt, ubi tangitur *meum &*
tuum. Fefta folemnia, natalem, fanitatem &c.
gratulare previbus, fed cultis orationibus. Raro virtutes, femper vitia ipfius diffimula, peregrinationes tuas ei communica, laudes ab aliis ei dictas refer, & omnia infufurra auribus,
maxime ea, quæ à fuperioribus dicta , num-

quam

quam autem vituperia & vitia illius, quomodocunque petierit, manifesta, atque si urgeat, ne
videaris diffidere, saltem levissima, aut quæ
ipse de se alias etiam dixit, refer : talia enim a-
crem sui memoriam post se relinquunt, quomodocunque dicantur, maxime si nimium de
vero trahant. Per alios, & in alienis literis,
eum crebro saluta, sæpe ipsi scribas, sententiam
ei contrariam nunquam tuearis, aut premas,
aut si promere ausus es, permitte te ab illo in-
strui, & ab eo dejici, & dejecisse dissimula. In
dandis titulis esto liberalis, & alacer ad obsequia nunquam futura: Per vitia nulli placere
stude, imo nec per eas species, quæ cum tuo
statu pugnant, ut si sis Ecclesiasticus, à nimia
jocis, scurrilitate, haustibus magnis &c. tibi
tempera: hæc enim & si amorem in præsens
comparant, tamen in contemptum, ludibrium-
que ducunt, imo acria, etsi non statim, odia
conciliant. Ideoque etsi aliquando expedierit
esse extra virtutes, sine vitio tamen id fiat. Si
ad aliquem venias, primum intellige, qui gratia apud loci Dominum petiantur, qui factio-
ne, dicacitate, illorum gratiam omnibus modis demerere, quia multis usibus futuri: eorum
poteris consiliis in rebus promovendis uti,
quia tales, dum dant consilium, partem in se
curæ assumunt. Si de aliquo te vindicare velis, ipsis suspectum fac, & eorum invidia tuam
causam feceris. Nullum scelus à Domino ad-

mitte-

mitte, ut tibi perpetrandum imponat : nam licet illi futurus sis gratus inpræsens, deinde tamen, ut exprobrator aspicieris, & censeberis in
Dominum id posse facere, quod facile ejus jussu suscepisti, tanquam venalis fidei, & virtutis
homo, aut saltem cum facti præmio statim di-
scedes. Literas aliquas scribe honorificas de
tertio, & permitte amitti, & intercipi, ut ad
eum tertium deveniant. Multi judicant ea,
quæ sibi grata sunt, etiam aliis grata esse : ideoque ea faciunt, tu prudentius explora, quid illi gratum, vel ingratum sit. Appella fratres,
etiam te minores, eosque honore præveni, dum
modo sint ingenui. Nulli res gratas ad satie-
tatem exhibe, nauseam accipiet, sed plura o-
stende, quam des, relinque, ut desideret : Idem
sit in ludo, colloquiis &c. Nihil mutuo ab
amico petas, nam si nequit præstare id, quod
ostendit, te oderit, vel si illibenter concedat,
aut res non integras receperit, ægre feret. Nihil ab amico emas, nam si caro vendiderit, tu
læderis, si vili, ille. Minimos illius famulos
bene habe, alias sensim amici animum aver-
tent. Hoc in conviviis hospitalitate observes :
Confinge secreta, & tanquam secreta concrede, etiam ea, quæ de officio illius sunt, ostende te singulari curæ habere. Cum mancipiis si
familiariter agas, contemnent, si ira, oderint,
si dulci gravitate, venerabuntur. Cum inge-
nuis, benevolentia, amore, comitate agendum
est

es, ad humilia obsequia; extremæ demissionis
indicia, ut ad oscula pedum, non admitte: ava-
ros, quoad genium mancipiis annumera. Gratiam Populi si quæres, promove promissis illorum commoda, quæ singulorum utilitatem at-
tingunt; his magis, quàm honestate moven-
tur. Ad mensam inferiorum invitatus acce-
de, nil reprehende, civilitate omnes vince, salva tamen gravitate, verbis saltem liberalis e-
sto. Cave, ne quid illis invitis, rerum sub-
trahas, & tibi aggreges. Compatere, solare
sæpius, & per partes beneficia exere. Nil
contemne, sed potius lauda. Si contradicere
te opus sit, non objice illis imprudentiam, im-
peritiam, sed potius laudatis illorum rationibus, bona intentione &c. ostende incommoda
inde secutura, sumptus &c. Ostende te semper propugnatorem populi immunitatum.
Speculare amicum, cujus gratiam vis comparare, an scilicet armis, an scientiæ, an clemen-
tiæ, an feritati sit deditus. Intercessor esto
rarus: nam quidquid aliis propter te sit, tibi
præripitur, nec gratia salva manet, tu autem
tibi serva Principem integrum. Nulli secretum alterius pandas; illi deinde vilis eris, si
scelus imperat, moras trahe, & de modo te ex-
cusandi cogita, morbum simula, equos abla-
tos &c. Famulos ejus, cujus amicitiam
quæris, habe prius amicos, auro etiam corrum-
pe, si opus sit, pertrahent & illi Dominum.

Quomodocunque profeceris in gratia, non secus
illam habe, quam si illam per mille officiositates
adhuc quæreres: acquisita enim tenere vult tra-
ctari, ne amittatur; imo officiis ali.

Nosce quis sit amicus
alicujus.

Lauda aliquem, si alter tacet, non erit amicus;
vel si rem alio divertit, vel languide & coacto
loquitur, si minuit, si non constare sibi dicat, aut
in aliorum laudum partem derivet: Item si sic
conscius facti laudabilis, te illud referente nihil
apponat ad id, quod possit corripere. Item si etiam
fortuitum casum esse dicat, aut id eventum nimia
Dei Providentia, & extollat alios, paria & majora fecisse, aut consilio id factum esse alieno. Literas amici nomine ad eum finge, in quibus petat
aliquid sibi concredi, patebit animus propensus,
vel adversus. Eum amici nomine saluta, vel de eo
adversa audisse dic, & quid apponat his videbis.

Æstimationem & famam
sibi comparare.

Nunquam esto certus, quod aliquis sit
secretum servaturus, si coram eo aliquid
licentius, aut confidentius agas, aut dicas,

eas, nec de puero, nec de servo id crede, imo
ex hoc actu de te formabit judicium, atque talem aliis describet. Nunquam tibi promittas, quod aliquis tuam actionem dubiam sit
excusaturus, imo in pessima trahet, ideo nil tibi, vel uno spectante, indulge. Non referas,
quomodo alias fueris diffamatus, vel injuria
affectus, nam sic te magis diffamas, & erunt,
qui approbent. Non valet hic illud Bernar-
di: *Excusa intentionem, si non potes opus,* ut di-
cant casu, aut inconsiderate peccasse, vel te
tentandi gratia, ad malum sollicitasse. Aliquando confidentius, maxime garrulis, secretum confide, ac roga, ne illud aliis detegant,
scilicet te plurimum posse apud Potentes, habere cum aliis correspondentias &c. Deinde
vitando aliorum conspectum ad tales Potentes
scribe literas, obsigna, & ostende, quas deinde
combures, rescriptiones finge, quas tamen incautius custodi. Quod audiunt aliqui con-
fuse, etiam & ipsi confundunt. Ideoque, si
quid tale contigerit, bene legendum. De-
praedica, te nulli unquam nocuisse, si pro aliquo, certe pro hoc, coronam à DEO dicte ex-
pectare, & affer exempla in momento ficta.
Quicquid in publicum proditurum est, (esto
sit minimum,) perfectissime agas, quia ab uno
actu saepe dependet opinio aeterna. Nunquam plures res simul agendas suscipe, quia
nulla ex eo gloria, quod multa facias, sed si u-

B 5

mum tantùm excolatur. Teſtor experientiam.
Iracundis, Potentibus, Cognatis ſemper cede-
rè decet, imo & utile eſt, ſimula demiſſionem
animi, candorem, liberalitatem, hilaritatem
lauda, gratias age, promptum te offer, etiam
non meritis. Initia rerum ſummo conſilio &
labore agenda, & cum omni certitudine ſuc-
ceſſus, & qualiter prima, taliter omnia & fama ſemel parta errores ipſos in gloriam coale-
ſcent. Si quid tibi in officio incumbat faciendum, nullis precibus id ſuſcipe, per quod
intentio tua minuatur erga debitum opus, certus etiam eſtó, reſpectum minui, quamvis tot
& tanta feceris, tot curis diſtractus fueris, ſi
tuo muneri vel minimùm defuiſti, imo vel eo
ipſo, quòd eà ſuſcépiſti. Si tractaturus es negotia, non admitte ſocium, qui ſit idoneus, &
plus quàm tu exercitatus in illis. Si aliquem
es aditurus, non habe tecum eum, qui ſit acce-
ptior. Si mutaturus es officium, non ſucce-
dant notabiliter meliores. Ea, quæ domui
tuæ decora ſunt, ſine typis mandari, obtrecta-
tione inpræſens ſpreta, nam quacunqne verita-
te, obſequioque ſcripta fuerint, olim veriſimilia
legentur. Sermones autem loquentium, aut
cum iis, aut ante eos intereunt. Scientiæ opinionem ſic tibi facies: Ex ſcientiis hiſtoricis,
quæcunque habere potes, in unum libellum
refer, & cum quovis menſe per otium relege,
ſic omnium rerum ſpecies tibi imprimes, & ubi
opus

opus erit, notitiam oftendes. Formulas re-
spondendi, salutandi, loquendi, & quæcunque
subito fieri debent, habe plura parata. Quidam se nimis extenuant, ut inde extollantur,
vel ut fortuna ferri, non curis; ingenio, non
labore videantur; se negligere, contemnere in-
cipiunt, vel sæpe persvadent, ut habeantur pro
inertibus, & imbecillibus: tu sine, ut hoc religioni addicti faciant. Nunquàm juxta rotam
potentiam age, ut credaris nihil amplius posse
agere. Quæ per servos agere, corrigere, pu-
nire potes, per te non agas, majora tu fac. De
incertis non disputa, nisi scias te certo victorem. Si convivium inftrues, communica fortunam famulis hospitum, garrula plebs est &
ad infamiam potentior, unde beneficium debet oculos implere, ne alia speculetur; simi-
liter liberaliter agas cum barbitonsore & mere-
trice.

Tempus ad negotia augere.

QVæ sunt minora, per alios expedi. Ordinem
tibi exactum præscribe, quem nullatenus
transgrediaris, & minimas partes temporis minimis negotiis tribue, nec in ullo negotio diutius,
quam sufficiat, ut honeste expediatur, morerir. Si
is fatigatus negotio, nil amplius attinge, sed ho-

E 5   nesto

nesto lusu cum commotione corporis te excita, &
plura & facilia brevi tempore, deinde peroges, vel
saltem tale assume negotium, cui sine labore suffi-
cias. Quae negotia per aliquot dies trahi debent,
melius in unum separabis, ut expedias. Non ad-
mitte ea negotia, quae parum lucri habent, aut
gloriae & multum laboris. Negotia inutilia, &
quae multum temporis petunt, in gratiam nullius
fac. Cum Artificibus per teipsum non agas, nec
rem Oeconomicam tracta, nec hortos, nec ædificia:
hac enim plena sunt laborum, & curam ex cura
trahunt.

Gravitatem acquirere.

OCcupationes congruas agendo, ut : si
sis Prælatus, arma non tracta ; si Nobi-
lis , Chiromanticam artem; si Religiosus,
Medicinam; si Sacerdos, ut sis lanista cave.
Non facile promittas, aut concedas; non facile rideas, non statim aliquid conclude, con-
clusa non muta. Oculos non defige in alterum, non jacta nasum, non corruga, non esto
tetricus, gestus raros habe, caput rectum tene,
verbis paucis & sententiosis utere, habe passus
non nimis diductos, omnia membra decore
compone. Nulli fateare te aliquid amare, aut
odisse, aut timere. Vilia negotia non per te,
sed per famulos agas, nec de illis loquaris.
Cum in mensa es, aut lectum intras, aut dese-
nullus adsit. Paucis esto amicus, raro age

cum

cum ipfis, ne contemnaris. Non in quovis lo-
eo fine delectu colloquium inftrue. Subitam
mutationem in moribus, ne quidem in melius
adhibe, item nec in veftitu, victu, fplendore,
&c. In laudibus & reprehenfionibus à nimiis
exaggerationibus abftinendum, fed propor-
tionate ad materiam judicandum, ne gravis nimia exageratione fis. Affectus nimios, ut
oblectationes, admirationes &c. rariffime fac
manifeftos. Etiam in intima amicitia pietatem præ te feras, item cum confidentiffime a-
gis, de nemine queraris, neminem accufes. Res
multas non imperes fimul fubditis, & quas exequi nequeant, quia difcent contemnere juffa
aut poterunt oftendere imprudenter imperata.
Leges aut nullas feras, aut paucisfimas. Non
facile irafcaris, nam fi deinde facile placeberis,
levis haberis. Si quid publice dicturus es, præ-
meditate, & è calamo dic.

Legere, Scribere.

SI quid *fcribas in loco, quem multi adeunt, erige
chartam ftriptam, veluti eam defcriberes, hæc
omnibus pateat, & ea quæ vere fcribis jaceant, &
ita tegantur, ut fola linea, quam defcripfifti pateat, & à quovis accedente legi poffit. Quæ vero
fcripfifti libro, vel charta alia obtege, aut charta
erecta propius mota. Si dum legis, aliquis accedat,
ftatim plurima folia transpone, ne tua intentio
de*

deprehendatur , imo contenit plures esse simul compactos , ut unus præ altero inspiciendus objiciatur. Quod si literas scribas , aut legas librum, aliusq́ superveniat , coram quo si legas suspectus eris, subride, & veluti ex libro & literis rem omnino differentem propone: Ut si v. g. scribas monitorias &c. advenientum hospitem interroga, quid ad talem usum caute, prudenter possis respondere, aut pete nova, ut literas possis implere ; idem fac cum pecunias numeras, aut librum legis. Scribere secreta manu tua ne graveris; nisi per ziferas scribas, idq́ tales, quæ ab omnibus legi aut intelligi possunt, quales Trithemius in Polygraphia sua dedit , hæc enim magis celant , si aliena manu scribantur. Zifra, quæ legi non possunt, suspicionem excitant, & interceptionem, nisi apte scribas.

Donare, Munerari.

Liberalis in iis esto , quæ vides non præstiturum , vel quibus nunquam usuri sunt iis, da privilegia. Nemo Magister suum discipulum ita doceat , ut is non speret, se posse aliquid amplius discere. Nec parens filio suo tantum det, ut hic aut nullo favore egeat , aut nihil amplius sperare queat. Idem est de Domino respectu famuli , unde si dentur prædia, ea sint, quæ agent Domini gratia, v. g. lignis, aqua molendina careant. Si contractus aut inscriptio fiat, clausula apponatur , ut ad libitum Domini sint revocabiles. Si sit aliquis

com-

communi officio dignus, & dum ei confers se,
excuset, nullo modo admitte, ut non acceptet;
nisi de hoc palam omnibus consisterit; alioquin merita ejus nota te non compensasse cre-
detur; ut vero se excusare nequeat, tunc committe, quando administrandum statim erit, &
interim absens esto, ut ille de literis quærere
cogatur, munus interea suum inchoet. Gratia
ita facienda, ut tibi nil decedat, sed v. g. pœnas condona debitas in præmium, tributa nova, quæ alioquin minus juste impositurus esses,
exemplo vicinorum. Quibus ipse uteris, non
sint nimis sumptuosa, ut arma, equus, annulus
&c. ut ea velut magnum munus tuo levi damno
donare possis. Modi donandi non sint vul-
gares, sed v. g. ut sclopetum dones, cura explo-
di ad metam sub ejus amissione, eumque jam ja-
culanti velut victori dona, vel de re certe dis-
pone, vel ludo fave. Si alicui personæ gratum donare velis, non promitte, quia detre-
ctabit, promittere enim est petere, ut se excuset, aut saltem precibus emat. Qui suas res
laudant coram aliis, invitant, ut eas petant au-
dientes. Ea quæ prædecessores statuerunt,
non facile damna: præviderunt illi, quæ tu non
advertis. Item gratias perpetuas non facile
concede, quia oportebit fortasse mutari, nec
amplius poteris. Dona ne videaris projicere,
neque, ut grata sint, coneris pretium intende-
re. Speculare, quibus quis necessitatibus ur-
geatur,

geatur, & quando; & si aliis benefecisti, hoc
aliis non dicas; offendes, & exprobrare vide-
beris: & si cogaris dicere, dic debitum fuisse,
nec pro eo gratibus egere, aut velle acceptare.
Si quid tibi donetur, (& si minimum,) cave ne
sis ingratus.

Petere.

*Vide ne id, quod petis, marsupium affligat, aut
multos labores exigat, idque satis fuerit a-
mico indicare, ea re te egere: quod si sic non pra-
stiterit, nec ad preces faciet, sed gratum pro pra-
stitis te offende, ut advertat eo ipso te petere no-
sa. Si rem gravem petiturus es, de aliis negotiis
age, & velut aliud ageres, desideria explica. Magnates caute roga, quia putant sibi imperari, in-
tercessores adhibe, clarissimas personas, ut Prolem
ad Parentem; dummodo eos non adhibebis, qui
ipsa re indigent. Tempus petendi est, dum aliquis
est latus, quod sit die festo, & post prandium, non
tamen, cum dormitat, nec inter alia negotia, dum
illis distrahuntur, nec cum somno affliguntur, nec
multa simul petere præsumas. Cujus causam pro-
movendam suscipis, ut ignotum fove, rarus esto cum
eo congressus, quo honesto, ac publici amore potius, quam privati moveri videaris. Rationes ac-
commoda personis, cum quibus agis, propone avaris lucra ac damna; spiritualibus viris gloriam
Dei, juvenibus laudes, & irrisiones à sociis. Privilegia & schedas non peta à Dominis, tarde e-*

*nim expediuntur talia, sed scripta à te tempore
oportuno,ut subscribat,subtrude. Non petas ab
alio, si ille afficitur, (maxime si sit tibi inutile,)
aliqua rara : nam si negabit, te læsisse putabit, &
oderit ; humanum enim est, quem læsisti, odisse : si
concesserit, te velut indiscretum petitorem aver-
sabitur.Quia turpe est repulsam pati,nil pete,ni-
si de ejus obtentione certus, ideoque non petere,
sed tantum necessitatem explicare jubabit. Rem,
quam amas, nemo advertat te amare, priusquam
sis in possessione ; ideoque vel desperationem ostende, vel sparge jam alteri esse destinatam, gratula-
rique illi. Si quid tibi negetur, suborna alterum,
qui pro se petat, à quo tu facilius rem obtinebis.
Si quis honorem, quem tu petis,tibi præripere velit, mittas ad illum aliquem occulte, qui ei titulo amicitiæ dissuadeat,& difficultates ostendat.*

Monere.

ALia omnia incipe narrare, tum ea facta
de quibus vis arguere, exaggera, reprehende, & circumstantias alias appone , ne ille
advertat se tangi , & sæpe audientem bonæ
mentis,ac lætum esse jube, ac facetias immisce,
& si tristetur, quære causam , & tunc in fine
alia omnia appone, de remediis etiam in ab-
stracto loquere. Si quis sciat, se apud te a-
liquo vitio esse suspectum, eum præfice rebus
arcanis, sed non cum periculo, ille ut à te a-
moliatur suspicionem, tota animo exequetur ;
ideo

ideoque expedit se oftendere interdum fufpica-
ri. Juvenes qui fui juris funt, & ad illicita pro-
labuntur, fi exprobrando arguas, magis accen-
des, ideoque potius eorum pœnitentia expe-
ctanda, vel fatietas. Si contingat vertere artes,
non ex abrupto de duro in lenem defcende, cum
frigidis aperte agendum, timor incutiendus
cum fervidis caute & leniter.

Non falli.

PRudentibus viris fides temperata detur, quia
quæ illorum prærogativas concernunt, nimis extenuant; Et quia alienam famam nimis
bene interpretantur; non fatebuntur, an quif-
piam coram illis de te finiftre locutus fit, non
à quo cavendum fit, non quibus vitiis labores.
Idem eft de Sacerdotibus, dum fuos laudant
pœnitentes, quia de his nihil poffunt, nifi bene
loqui, noh minus, quàm Parentes de filiis, A
quo times, ne te abfente, aut querelas contra
te, aut turbas, aut quid fimile moveat; habe illum tecum fpecie amicitiæ, in recreationibus,
venationibus, menfa, colloquio, commilitio &c.
Sic ne vicinæ nationes rebellent, ubi tu impli-
caris alio bello, confpicuos eorum cum exigua
manu; à qua perfidia timeri non poffit, tecum
in bellum velúti fidelisfimos adduc. Juvabit ut
dum ad menfam fedes, fcribis, ante te fpeculum
fit, ut videas quæ à tergo geruntur.

Sani-

Sanitatem conservare.

Hic attende, ne sit defectus aut excessus in cibo, quoad quantitatem & qualitatem, in Sestu &c. quoad calorem & frigus. Augustini in somno, in labore, in loco, quoad auram nec nimis altus laudetur. Repletio, & evacuatio morborum fontes, motus, & quies sint moderata, passiones animi non effranes; Non prope paludes, imo, nec flumina habita. Fenestra cubiculi Boreae potius & Orienti, quam Austro observentur. In negotia seria ultra duas horas six incumbendum; sed mediet aliquando animi relactatio; Cibi sint bene parati, & qui possint haberi ubique. Moderate Venere utaris in quocunque statu permanes, & id juxta exigentiam propria complexionis.

Invidiam vitare.

Testem non agas, quia in alterutram partem impinges. De nullo abjecto aut vili loquere, aut signa da; si perstringis dicto, perge in colloquio, veluti nihil esset. Praesentibus aliis nullum fac singularem favorem, quia alii despectos se esse putantes, odisse incipient. Subitum splendorem cave, quia oculos perstringit, antequam assvescant eum intueri. Ea quae grata sunt in vulgus, sive sint
vitia,

vitia, five confuetudines, accufare noli. Si
habeas authorem facti alicujus odiofi, recenti-
bus odiis te non offeras, nec ea agas, quibus videaris, aut factum tuum probare, aut gloriari
aut illudere lafis, his enim graviter augefcit
invidia, juvabit potius abefle, factum tranf-
mittere filentio. 'Nil novi in vefte, apparatu, conviviis gere. Si leges feras, nolito vir-
tuti diffidere, fed ut omnes uniformiter agant,
compelle. Rerum rationes, ut omnibus fa-
tisfiat, redde, fed non nifi poft factum, ne im-
pediaris. Habe per modum univerfalis prin-
cipii, fed valde jufte, de nullo, quantum libet,
bene aut male loquere, bona aut mala facta ne
referas; forte erit amicus tertii, cui refers, fic
impinges, & aucta in deterius tua dicta, ad
eum, de quo dicis, aliquando venient: fi laudes, forte minus amicus rertii erit, qui audit,
& fic tibi inimicus efficietur, praeftat tamen
multa fcire, videre, audire, & id expifcari, fed
circumfpecte; Offenta enim eft, de fe fcire a-
liquid quaeri, unde ita quaerendum, ut ne videaris quaerere. Cavendum eft à nimia quafi
generofitate, quia contemni aliquis videtur;
ut fi dicas, te milites in facculo habere, non
quaerere &c. Melius quam praeceffores & ri-
gidius legibus te proceffurum jactare noli, quia
amicos alienant; etfi enim hoc jure facias, fola tamen, quae grata intelligis, intenta profer.
Nulli famulorum, aut jus fingulorum in alios
com-

committe, aut eum illo ita agas, ut commune
agere videaris, maxime si sit exosus, cæteris,
nec præmiis saltem extollendus, nisi omnibus
constiterit de ejus virtute, ut sit incitamen-
tum. Si aliqua severitas facienda nostris sit,
ea per alios, & quasi te non mandante, expedi-
enda; ita ut si affecti queruntur, de illa minu-
ere possis, ipsosque, qui ea fecerunt tanquam
solos severitatis autores incusas, v. g. Tribu-
nos, quod disciplina sit soluta, ut advertant,
correptione opus, & aspera quidem, non tamen
modus præscribatur, ad duriora enim delaben-
tur, quo se vindicent, & tibi erga appellantes
materiam benevolentiæ faciendæ dabunt.
Quicunque ex duris gloriam meruerit plenam,
ei adscribe illa derivanda, quia sic plena ad te
redibit alveo, & sine invidia, & hoc ipsum non
fecisse gloria erit; Eventus tuos bonos, & successus ad tuum bonum v. g. refer, quasi ejus auxilio, auspicio, consilio egeris. In successu
nil tibi arroges, eadem sit conversatio, mensa,
vestes, auc nisi certo modo in his fiat mutatio.
Si puniendus sit aliquis, eo perduc, ut ipse se
reum fateatur, vel alteri judicandum committe, qui clam à te rigidam jubeatur ferre sententiam, quam tamen deinde lenias. Victis
non insulta, nec tuo Antagonistæ, & si eum viceris, nec factis, aut dictis te victorem prædica, contentus vera victoria. Si cogaris invi-
dipsam ferre sententiam, ad ambiguum dicendi

di modum recurre v. g. pro utraque parte argumenta, pro ea tamen, quam intendis, gravior
esto, pro altera videaris concludere, vel præ-
scinde à conclusione. Si roget, ut intercedas,
promitte, & simul ostende, rem non in tua manu esse, & posse forsan aliter evenire. Si vindicta sumenda per alium, vel ignotum fiat, jube læso veniam concedere lædenti, fugam tamen clam ei permitte, & quam primum. Si Parentes litigant, nulli facile adhære, sed negotia conquire, ut illis absorbearis, ita ab utraque
parte habeberis excusatus & neutra te sciverit
non esse a se, licet neutri quid speciali amicitia exhibueris. Nullarum novarum legum,
maxime adversariarum, censearis auctor cum
superioribus, & eo qui regit; rarus esto palam, facile ei levia refer, nec de ejus amicitia
gloriare. Si advertaris apud Magnates omnia
posse; scito, quod quidquid ab iis fuerit pecca-
tum, tibi imputabitur, cura ergo, ut Dominus
tua consilia videat, intercessiones acceptes, in
tua tamen absentia rem aliter ordinet. Hoc
maxime Confessariis Principum tenendum. Si
tuum genus familiæ, majores laudentur, alio
sermonem deriva, ut hanc tuam modestiam advertant, tum laus erit secura sine invidia : si
placere visum fuerit, odia nascentur. Bonum,
quæ sunt grata, & favorabilia, publice non si
laudator. Et si officio contingat te dimoveri,
palam ostende tibi gratiam factam tuæ pari

CON-

consultum, causasque inquire, quibus id demonstres, sic nemo insultabit. Non quærendum palam, quis hostis fuerit, aut ejus fautores, nec de eo sermonem institue, occulte tamen omnia scire intererit. Cum illis, qui sunt omnibus exosi, non age palam, nec consilia suggere. Nunquam sciaris in consilio fuisse, in quo exosa etiam adversus inimicos credantur, licet à longinquo possis esse auctor. Nullius facta carpe, reprehende, officia aliorum non inspice, loca, quibus alii præsunt, agros, officinas, stabula &c. & quibus possint conspicere se observari, non adi sponte. Ex famulis, pueris, de Dominis valde caute inquire. Vide, ne in tuis moribus, gestibus, ambulatione, conversatione, ludo, loquendi dono, ac phrasi, cachinnis, fervore, aliquid sit quod offendere possit. Quomodocunque sic occupatus, si aliquis accedat, suavissime responde, & ostende eum gratum tibi hospitem, alia etiam occasione illum aditurum nunc excusatum habeat. Ut bono pacis tuæ consulas, multum de commoditatibus tuis cedendum erit. Quantumcunque quis falsa incompertaque narrat, audi dum aliis refert, non corrige, nec te melius noscere ostende, & neminem jocis ludibriisque velati contemnere, etiam inter jocos accipe, aut ita, ut advertere possit eludi vanis. Etiamsi male succedat aliquibus, non irride, potius excusare, rogare, juvare stude. Non agas ea in-

non

non subjectos , quæ per jurisdictionem agere videaris.

Rescire secreta.

ETiam viles homines ad colloquium adhibe, illi humanitate victi, maxime si auro manus, inungas, omnia deproment, (idem per pueros , sed cum periculo habetur.) Famuli inter se etiam committendi, qui ipsorum secreta prodent. Omnibus autem fideliter serva fidem , ne confidentiam perdant ; & scientia non statim examinata utere.

Noscere intentionem dictionis alienæ.

INprimis rationes illius accipe , & inde , ad id probent quod ille dicit se agere; an vero illud, quod solet , & de quo est suspectus. Item si ferventius agat quam soleat , vel remissius, non a se agit ; vel si subito mutat sententiam , & cum fervore, signum erit munerum acceptorum. Si rationibus bene solutis non acquiescat , non illis modis agit. Item si argumenta nimis elaborata, subtilia, quæsita , ac contra naturam, vel futilia , & tamen causam ferventer agat. Si diversis vicibus idem promovendo diversas rationes allegat , prioribus neglectis; quia quæ non ex nostra mente loquimur , eorum obliviscimur. Immisce aliquem , qui titulo

culo amicitiæ cum eo agat, ac confidenter de
causa expostulet, tum omnia alia prodet.

Offensam vitare.

SI alicui difficiliorem in re aliqua præstanda te
exhibuisti, vel minus liberum, cave, ne intra
quantumcunque tempus in simili materia, quantumcunque inferiori, aut pari te liberalem exhi-
beas, quia aut diffidentiam erga te, & inter illos
odium excitabis. Nunquam rigorem augeas erga
eos, quibus præes, nisi simul & favores; quia vel
in odium, vel in contemptum abibis. Si autem
utrumq; auxeris, amorem miscebis timori. Si aliquid novi incipias, qvod aliorum oculos lædat, aut
Principem, ad id duc, ut sub exemplo sit culpa, &
multitudine invidia mitescat. Si credaris esse odi-
osorum consiliorum auctor, aliqua bona in vulgus
fac palam, ut quibusdam tributa, pœnas, & c. mittere, maxime iis, qui accepti plebi. Si aliquid insur-
tens meditaris prius cum Theologo & c. clam confe-
ri, & in tuam partem pertrahe, ut publico idem
tibi suadeant, promoveant, imo cogant. Legas no-
vas impositurus, ostende necessitatem, ac cum prudentibus de eo statuendo delibera; aut saltem sic
fama, te eorum consilio usum, & sic prudentior;
tunc rejecto consilio, alia tuo arbitratu impone.
Nemini uxorem, familiam & c. procura, aut earum vita statum suade. Executorem testamenta-
rium cave ne agas. Si sis in comitatu alicujus, dum
ille familiam suam ordinat, impensisque, adesse
quidem

C

quidem, sed nõ modos suggere, aut juva. Contingit,
ut si quis ad locum nobum venias, veteres quom
personas & mores liberius extollat, tu es toc autus
in communi errore. Esto, sentias contrarium, sequaris sententiã laxiorem sive in rebus conscien-
tiæ, sive in aliis, tamen strictiorem prædica. Corã
nemine te ostende apud superiores quidquam posse, aut præstitum faborem, sic coram nemine in
nulla confidentia tuã sensum de altero aperi. Superiorem delinias semper lucro, in quocunque officio fueris, potius sis insubditos aliquantum aut
saltem apparenter laxus, quam strictus. Si quem
privatum amicũ de te sinistre loquutum audieris,
ne exprobra inimicum efficies, qui hactenus indif-
ferens erat. Ne velis omnia Magnatum secreta
scire, si contigerit aliunde vulgari, te suspicia premit. Si quis gratam tibi rem præstiturus, venit si.
gratulari, salutare &c. gratissimum tibi ostende,
alias certes imposterum. Si quis verbo, aut facto
promisso non steterit, non exprobra, nil lucrabe-
ris: nisi odium. A Domino, quantum potes, sis uci in
laude & fine, in quo semper de gloria, de nullo tuo
dño agitur, sic fortis es, si alios homines viceris,
et si à solo Domino vincaris. In quacunque fueris
familiaritate Domini, nunquã reverentiæ & sub-
missionis obliviscere, alias putabit familiaritatem parere contemptum. Non jacta, te pertraxis-
se aliquem etiam volentem tuo consilio in tuam
partem magis imposterum resistet. Non insulta malo eventui illius, qui tuo consilio non paruit

potius

potius eventum in executore excusa. Jactantiæ se
de opibus, robore virium, dexteritate, altus, consilio, auxilio, te fuisse non publica; secretas moni-
tiones non suggere: si nosti ignorantiam simula:
si autem à majore sis injuria affectus, non solùm
non querere, sed nec te læsum advertat, quia
quem læserunt, oderunt. Dona vel minima veluti summa, si à Domino, deprædica, ea te summè
amare jacta, ostende. Dignitates toto pectore
recusa, nec multæ in te conferantur, quæ multùm
nitent, & parvam utilitatem afferant.

Animare ad aliquid fa-
ciendum.

ANimabis hoc modo. Damna, quæ intermissu-
rus, in te recipe, & præmia propone. Sic Dux
ante conflictum jubebit proclamare taxas vulne-
rum, qui tale & tale acceperit, & damna in rebus
se refusurum sarcinis, interea castris imponat
ære præsidium, ne militum animos solicitudo
distrahat.

Prudentiam acquirere.

UT plurimùm sileas, & aliena consilia au-
dias, & bene apud te expendas. Attende ne passione amoris abripiaris. Non nimium tua æstima dicta, facta. Inutilibus
rebus non occupare, & quæ nulli imposterum
usui, denique alienis negotiis te non implica.
Aliis gloriam factorum, etiamsi illis attuleris

grande

grande monumentum, literaliter tranfcribe,
redibit illa ad te, & quidem cum fœnore, id eſt
fine invidia. Iram cave & vindiċtam : Cum
alienæ virtutes narrantur, libenter audi. Raro
ad rara mirare. Confilia raro da. Nihil facias ad æmulationem. Lites vita, etiam aliquando cum tuo damno, res tuas quæ funt pre-
tiofæ, aut facile petendæ, nemini oſtende. Si
aliquis te ad aliquid faciendum impellat, vide,
ut fe in partem periculi offerat. Si hortatio,
petitio, & fimilia habenda, & negotium aliquod fufcipiendum, lege prius, & quære judicia, in Hiſtoriis fimiles cafus, ut informeris.
Legendi fubinde Rhetores, illi enim fuggerunt
modos invidiam excitandi, retorquendi, ex-
cufandi, minuendi &c. Debet quæri ambi-
guitas, quo ex noſtra diċtione utrique parti fiat
quidem perfpeċtum, nihil autem concluſum :
cogit enim ad hoc aliquando neceſſitas ; qua
arte juxta Nazianzenum Ariſtoteles fuas opi-
niones confcripfit. Hoc genere utere in li-
bris, in odiofis literis, confiliis, pro utraque parte rationes per modum difcurfus formando, cui
vero adhæreas, aut adhærendum fit, minimæ
declarandum, de hujus quidem loco digreſſio
fiet, vel amphibologia, optando, apprecando,
aut affeċtum tuum per aliquem modum Rheto-
ricum declarando; fine te admoneri, etiam de
falfis, nec te excufa, quia nemo deinde mone-
bit, fed potius omnem affeċtum oſtende, quæ
ufui :

usui, quæ inutilia dicet, sine transire, aliqua
etiam facere. Exerce te in hoc, ut semper pro
utraque parte rationes possis dare; ad hoc lege
Rhetorum modos, & Apologias. Si sis lega-
tus, & cum hoste agas, quicquid ab eo muneris
acceperis, Principi tuo perscribe, ut extra suspicionem infidelitatis habearis, & hoc ipsum
aliis casibus applica. Legatum eum non mitte, qui te adversatur, quia contraria consilia dabit, & ipse dominare ambit. Consiliarios sæpe mixtos habe, (temperatos enim invenire rarum,) frigidum unum, alterum igneum, lenem
& asperum, consule, sic ad optima consilia de-
venies. Semper attende, versus quam partem
fortuna flectatur, aut flecti possit, etiam minimos Principis servos, & etiam majores pro te
habe. Habe singulis, aut certis diebus horas,
quibus præcogites, si hoc vel illud acciderit,
quomodo agendum. Circa famulos, amicos,
habe diarium, cujus folia singulis attribuantur
distincta in quatuor columnas. *In prima po-*
nas accepta ab illo, quoties officio defuit. *In*
secunda, quid illi contuleris boni cum labore
tuo. *In tertia,* quid ille tibi præstitit. *In quar-*
ta, quid ille à te incommodi acceperit, & quos
labores extraordinarios: sic in promptu contra querelas, & gloriam, habebis omnia. Et
hac regulis singulis diebus in colloquio practica. Juste aut injuste à superiore honore-
orem accepisti, semper memor amplius conversa-

fa, &

fa , & bona de illo loquere. Quantum fieri
poteft, nihil fcripto alicui promitte , maxime
fœminis. Erga quod maximo affectu, & ap-
petitu traheris (fi potes) vita potius, vel faltem
confultiffime ei adhære. Tua, & fi fint firmif-
fima fatis, nutiquam obeft, magis firmare, quantum fieri poteft , & fupra tuam actionem poft-
quam ea tranfiit, & fupra alienam te reflecte,
quid illi defuerit , quando capi potuit , quando
melius inftitui, &c.

Caute agere.

Duæ funt cauti viri partes , *cauta confiden-*
tia , ut dum coram amicis in cuftodia a-
gitur, cum tamen multæ ideo fint amicitiæ, ut
decipiant : nulli fide, nifi fufpiceris. Altera eft quædam *Generofitas* , qua nolumus in-
difcriminatim verum cuique dicere, errores aut
mores corrigere, cujus quidem rei fpecies fi-
mulationi præfertur, hæc utilis eft, ipfa vero
vix indemnis fuit. Nulli fecretum concrede,
quia nullus eft , qui poft horam hoftis fieri non
poffit. In hilaritate vitæ nihil agas , errabis,
aut proderis. Non præfume , quod aliquis tuum factum in bonum interpretetur, vix enim
tales interpretes in mundo funt duo. Literis
nil committas, quod à tertio legi nolueris, imo
ejus fundo pone : ut ad ejus veniant manus.
Si advertes aliquem ex te volentem notitiam

rei

rei extrahere, ac fugere fe feire, non corrige,
errantem. Vitia aliena aut diffimula, aut excufa, affectus tuos claude, aut contrarios affu-
me. In quantacunque amicitia cogita odium;
in fortuna adverfitatem. Victor fi fis, in nullo cafu nobiliffimos captivos hofti redde, ut
fortuna vertente habeat hoftis, cur ad tibi par-
cendum cogi poffit. Imo & hoftium Ducibus
fac. beneficia, confervando aliquem cum eis
correfpondentiam, nifi neceffitate premaris
inexcufabili. In fpeciem nihil age, nifi prom-
tum fit rationem reddere, quia homines eam,
non expectando, tua facta damnabunt, ita nunc
vivitur, ut certæ virtutes damnentur, ne dum,
dubiæ. Inferiores, & famulos, fi à te quippi-
am petant, jube fcripto relinquere tibi, ut melius omnes circumftantias infpicere poffis, ipfe
tamen refponfa non nifi oretenus expone. Si
cum aliquibus converferis, ubi periculum eft,
ne in verbo capiare, proteftare te multa joci
caufa dicere, imo fæpe contraria aliqua tentan-
do, in aliis connivendo; & hac ratione fi aliquid incautius acciderit, excufare poteris antea proteftatum fuiffe, te non raro quædam joci
caufa dicere. Si ludo, venatione, & Venere
violenter obtrudaris, & ab affectibus abripiaris; lis prorfus interdic, alias multa incaute es
commiffurus. Cum infantibus, fenibus, duris, & iis qui funt labilis memoriæ, infuper cum,
Tyrannis eorum teftibus ut plurimum age,

C 4   man-

mandata scripto accipe, pete. Consilia hominibus ferociotibus, impetuosis non da, ab eventu judicant; ubi credibile est, te observari, pau-
cissima loquere, facilis in multis lapsus. In
omnibus observa vitia, ac virtutes; ut si opus
sit, in alterutram partem declinare possis: erit
hoc atmamentarium ad multa & utile. Valvas
fenestrarum ad intra habe, & qua parte fenestras
contingunt nigra sunto, ut non diguoscatur,
clausa fenestra sit nec ne.

Hospitem ingratum expedire.

Cum famulo habe condictum men, ut ubi signum
à te acceperit, te vocet, veluti summa negotia
urgentia, auri insusurrando, vel tabellarium cum
literis immittas, vel damna si te annunciet, vel
inter subditos turbam, à medicis tibi probibitum
loqui, bibere & c. Equum stratum adduci cura, quo
si disisssarus sis. Detur avena siquis, sed lupinae
polle prius agitata. Detur stabulum, sed ubi lupi
exdaver sepultum. Detur cubiculum, sed in lecto
ut hoc de industria facto fenestra & ubi plueris,
aperiantur, Caminus ut cludendus, ut fumet, for-
tum initio succendenda.

Conversari cum aliis.

Nosce te, ex quibus sis. Aliqui suas, quorum

rum discursus initio nulli grati, sensim dulce-
scunt, & prudentia non statim quasi e vesti-
lo prodit. Alii qui statim prudentes, docti
sed longiorem moram afferunt, & turpiter, aut
in judicio, vel consequentia desinquunt. Hic
ergo congressus tuos attempera: Si enim e prioribus es, raro esto in colloquio, seu longior, si
e secundis, esto frequens, sed brevior, ubi gratus haberis. Hospes rarus esto, ne vilescas.
Materiam eam colloquiis absume, qua quem-
scis affici, cum quibusdam de imaginibus, cum
aliis de armis, de poesi &c. laudando. Non
agas, dum aliis negotiis distractus est, quia tunc
tibi minus attendet. Cum Melancholicis esto
gravis, cum Colericis bellax, & patiens, si sis
inferior. Gravitatem non affecta, cum do-
cto, aut negotii experto, paucis verbis nec multas rationes congere, sicut e contra apud rudes.
Adverte tempus, an sit alienum. Eos qui fa-
ctione aut gratia prævalent, quibuscunque modis tibi studeas reddere amicos, in occasionem
omnem intentus esto, præmeditando v. gr. si
quispiam te in aliquo congressu constringeret
dicto, concipe, quodammodo aculeum si-
mulandi, pacate verbis respondere, & certo tibi persuade, te talem exterius proditurum,
qualem te interius formaveris. Si de alio
loquendum sit, nomen ejus sileatur, imo locus, tempus, & omnes circumstantiæ, ne forte
transiens si audierit, conficere de quo sit sermo

pote-

poterit; quibus difficulter creditur, & habentur
pro fictis; esto sint verissima, ea nunquam iterum profesas. Cum omnibus reverenter, ac si
superiores essent, age. Sinceritatem in iis exhibe,
quæ si evulgentur, aut non damnum tibi allatu-
ra, aut laudem v. g. virtutes concreditas, & non
ficta. Cave cum iis conversari, qui se tibi ad
omne facinus venales, & faciles exhibent, quia
& contra te erunt. Vita furiosos & desperatos,
quia cum illis agere, res est plena periculo. Cum
Principibus semper verbis parcior; malunt illi
audiri, quam audire. Philosophum hic age,
non Oratorem, utcunque sint familiares, esto
referens. Senibus da primas sedes, patere mo-
nita, lauda, & venerare, nam promte accusant.
Gloriabundos lauda, venerare, inter rudes conditionem lege. Cum multiloquiis, qui omnia
in ore habent, rarus esto. Diligenter, quod
aliquis amat, lauda, quod oderit, vitupera, contrarium, etiam inscitus agendo, offendes. Quando cum singulis agis, agas, ac si amicum illum, &
non alios haberes amicos.

Jocari.

Nil obscœnum dictis, factis inferes, (hoc enim
est scurrarum,) nec alla exprime, ut artes, aut
animalium voces. Nunquam jocus vetus, & qua alter erubescat, defectus naturæ, aut morum con-
stabit;

tineat , quia acrem sui memoriam relinquunt.
Non etiam casus adversos alienos , præsentis, nec
absentis referas , audiendi hi sunt , non dicendi.
Pro honesto & amato colloquio legendi sunt Authores, qui eventibus res plenas narrent, imo Poeta, ut condituas affectus miscere. Descriptiones
cum nomine nunquam liberius agas , aut aliquid
reprehensibile committas.

Insidias eludere.

Cum amico litem simula , ut ille veram litem suspicetur, animum prodet , & ea volet uti commoditate; tum subito vinctis amici viribus inimico subsiste, & obsiste; valebit &
contra latrones in via insidiantes, vel in aliis,
ubi scis esse insidias aliquas; relinquere & pro-
gredere ubi insidiæ contra te movebuntur, fuge,
& eos induc in insidias. Et, si à potente stru-
ctas, in verbis dissimula, ne in apertam viam
erumpat, sed mediam viam in responsis quære,
ut nec in plagas incidas, nec te dolum advertisse
ostendas. Si aliqui te inducunt ad aliquod factum, ut in eo lædaris, ostende, te id prono animo
facturum, & ad illud te præpara, nisi sit difficultas in mediis comprehendendis; & interim à re
ipsa aliud oppositum intende.

Recu-

Pecuniam acquirere, retinere.

Modica dona non contemnas, & dispendia averte, nec in iis sis largus, ut partes panis, viduorum, avena vinos urennu malcuabire non sunt. Cum bonis Oeconomis conferas, & ab iis industrias addiscas, cogita quid ex agris vendi possis, quid plantari, elaborari, & pro eo opifices adhibe. Noveris totum *** proventus, natos semper respice. Si expensas facturus es, præcogita prius, quibus id modis tantundem recuperare possis, ut nil decedat, ut si quis strenuis militibus statuit, e. g. quatuor millia scuta, dare. Prius indicet pœnas pecuniarias pro aleatoribus, & similibus vitiis, ut ibi refundatur largitio. Res utensiles, quæ usu pereunt, vel pretium perdunt, pretiosas non habe, sed præcise, ut tuo statui sufficiant, ut vasa argentea, in quibus magis opera, quam pretium æstimatur, quia si necessitas fuerit, parum providisti. Dispensatoris fallaciam sic deprehendes, si postquam dedit rationem veluti oblitus, jusseris eum, ut post aliquas horas è memoria dicat eadem, dissonabit, & falsa sunt.

Honorem obtinere, conferre. [1]

Suade inprimis, necesse esse, honorem conferri, qui talis sit, & ipsum per circumstantias

...ras deferibendo. Tum vero primum ab eo te-
excufa, veluti fueris in ejus poffeffione in hoc
gradu, in quo es. Confiliis bonis & claris ftude, & multa fac, quæ in vulgus grata; conftru-
Ctiones publicorum ædificiorum; erga inopes,
& ea quæ per non aucta fubitorum cenfa fieri
poffunt. Tuis talentis & condignitate ad quæcunque munia nil fide, quafi tibi neceffario dè-
beant conferri, ac nullus fit æque idoneus,
quia malunt indignis, quàm talibus conferre :
Sed ita age, atque fi mera gratia Patroni obtinenda effent. Officiis præveni, obfequia promitte. Interceffores adhibe; Occafiones fer-
viendi non promitte vacuas: Te extenua, &
palam indignum dic & gratias fummas actu-
rus. Si officium quod habes, potentem requi-
rat, & nemo te fit potentior, ne à te transferri
poffit, omnes illius proventus in perpetuum
dilargire, ut ad illud quisque debeat ferre vires,
non invenire, & fic penes tuam domum manebit. Semper altiffima appetere optimum eft,
ut fi ftudeas, tantum ftude, quantum potes,
etiam fpreta illa jactantia ingenii, quam aliqui
docti in ftudiis volunt videri. Si virtutes petis eas in alto gradu, dignitates quam maximas potes affequi, unde, & in omnibus locis te
fecuriffime colloca. Adminiftrationes bonorum non dentur perennes, fed ad triennium;
ut qui bona auxerit; res pacatius gefferit, in
eodem manere confirma, ne fecuritas focordi-

am pariat. Dum fortuna favet, ea utere, quia
facile fugit. Dum es in amore, pete, quæ potes;
simula manſuetudinem, irām, præmia, honore,
præveni.

Petitioni respondere.

NOn ſtatim nega, ſed diſcurſu facto; & ſi ſemel
negaſti, ne ſit levis, non niſi ob graues cauſas
concede; negaturus aliquantulum cogita, deinde
dolorem finge, vel literas ad te veniſſe, vel dolorem
nunciatum, ad quod oportebit habere famulum
inſtructum, ut ſigno facto faciat, oſtendat geſtu
& verbis, quod illi ſatisfacere non poſſis, lauda pe-
titum ejus, & ſi perſiſtat petendo, ad deliberandum aſſume, quomodo tuo affectui erga eum ſatisfacere poſſis, commenda famulo prius inſtituto, ut
exequatur, docendo eum modum faciendи, in-
ſtituendo, ut veluti ſua curet; ſi ad alterum re-
mittis, ne nihil petenti praſtet, oſtende illi modum, quomodo eum accedere poſſit. Plebis eſt ingenium impetu volare, mori, languere; unde ſi
injuſta petat, non ſtatim nega, ſed ſplendidis rationibus, & aliquibus gratiis differ, ſi vero aliquid gratum ſibi deſideret, ne morare; aut deſ-
ſient, aut in contrarium ibunt. Sine odia alicujus
tibi velut accepta, in hac ita non ſunt falſi ſicut
in amore Si alicui munus non poteſt negari, tale
concede, quod ſibi periculum infert, & non turbat.
homini exercitus adminiſtrationem ſpecie hone-
ſtis in aula retinendus eſt, invenienda ſunt ma-
ġiſtra

cera *bonoraria*, ut in munerando sumptibus pareat, ut olim apud Romanos Laudatio. *Laurea*
Armilla &c. nec minus his speciebus ducentur
animi Virorum, quam muneribus. Habe statutum
anni tempus, aut saltem intra triennium circa
famulos descriptum Catalogum, pervolves dum
ex officiis aliquos dimoveas, aliquos altius attol-
las, munera distribuas, etiam alicui petitioni au-
rem prabeas. Promulga, si quis per se ipsum roga-
bit concessurum, & negaturum illi, si per alios curet, imposterum omnia negentur.

Affectus quosvis assumere.

COnfice tibi exempla affectuum ex Poetis.
Qualia habet *Palatium Eloquentia*, & quibus indigeris, ea tamdiu age, donec combiberis.
Nulli etiam amicissimo concrede te, id simulabis
facere, & non minus vultum ad affectum flu-
xum, quam verba habeto; non pauciora ex fa-
cie leguntur. Ipsam tuam timiditatem victam
habe, ut rei conscius non minus animose, ac in
similibus agas.

Convivari.

UT tibi consulas ea plurima cura, qua servari
possunt, ut saccharum vel ex cera fyumta, fontes, montes, musica sponte sonans, item ea, qua
exigunt pretium, tara tamen sunt, ut stemmata
vorum

eorum, quod tricias expressa sera pellibus indutæ
candelabra in mensa teneant, potus varie colore
sit, & videm diverso odore, sapore velati transve-
ctarii involvi, item vina artificiosa qualia Arnol-
dus de Villanova describit. Flores coloratæ la-
ctucæ, ova ingentia ex pluribus composita, & aro-
matibus condita, candelæ ex glacie ardentes,
ignes odoratos, montes evomentes, fontes resper-
gentes nives, & fructus fictos odoratos, vel in ipsa
arbuscula poma, mensæ allata, quæ omnia levi
sumptu in tuo horto crescere possunt. Ipsa etiam
oleta veluti peregrina coloribus, & imbuta sapori-
bus proponas. Poma in Lagenas, & botros, carnes
variis modis paratas, ac varis de quibus. Plurima
& Apicius, quia in mensa non quod laudabile, sed
quod rarum æstimatur. Item cancros vivos mixtos
coctis, carnes cum ossibus è farina factitiæ, pisces
ex carnibus informis ligneis expressos suffusis sy-
rupis loco jusculi. Rotula ex glacie facta, quæ sponte concidat. Res aliquæ, quæ sponte colorem mu-
tant, appareant, dispareant, caseos varie forma-
tos, & temperatos, vasa etiam, in quibus feruntur,
possunt v. g. fictitiis, gemmis fieri.

Damna vitare.

IN vitiis minimis attende, factoresque tui
statim tibi indicent, unde quid damnosum
immineat, ut non expectetur necessitas, donec acciderit, & simul suggerant rationem illius occurrendi, observanda rerum ementarum,
& ven-

a vendendarum ratio est periti circa ignota
consulendi. Singulis septimanis villicus det
rationem factorum &c. sit unus, qui omnibus
in quietem datis domum perlustret, an omnia
clausa, qui absint domo. Si fueris in aliquo
officio, singula data & accepta, utcunque Dominus benevolus fuerit, candidissime in rationes
referas.

Agere novum quid.

*INitio quatuor præcogita. Primum erit, num_
ribi utile, an magis damnosum. Secundo, an tibi dotes naturæ suppeant ad hoc. Tertio, an conveniat hoc tuo statui. Quarto, si se in pretio ibi,
ubi eligis.*

Stipulationem non perdere.

SI deponas aliquid cum aliquo certando de
eventu alicujus rei, simul cum altero tantundem depone de contrario ejusdem rei eventu, &
sic nil perdis. In contractibus tibi onerosis appone conditiones indeterminatas, quæ latius &
strictius possint explicari, v. g. dedita urbe omnia
te servaturum, si nullus motus excitetur, non
adde, publice, an privatim à tuis, vel aliis, si opus
fuerit, & rei æquitas petat; pacta rejicies. In_
promissis, si hoc vel illud ad meam contenta-
tionem feceris, &c. facile erit ostendere defe-
ctum.

Errorem tegere.

Si contigerit verbo labi, aut quid inconsultum agere, finge, te subito dixisse ad aliorum judicium explorandum, vel quasi aliud exprimendo dixisse, avide veluti obtento, aut dole veluti non obtento fine. Si aliquid ignorans erraveris, à nullo ita exquire, ut te adverrat nescire errasse, idque praecogita, quomodo Veritatem quaereres, vel pete sensum alterius, quid in tali casu faceret, tuum interim premendo, ne adversarius nescire. Si oblitus es alicujus dicti, (id non simulantibus evenit,) casu vel contrarium casu dicas, unde praecipua capias, quae diceris, annotasse expediet. Confundendo alios summe cautus esto, nam aut inscitiam tuam, aut intentionem prodes, ideoque prius utrique provide.

Odium malis conflare.

Lauda eum, quem opus gratia moveri apud eum, cujus gratia pollet, sed ut laus in offensam Patroni cedat, addendo talia communi rumore ferri, non tuum sensum te dicere, relinquendo Apodosin, quod illae suae famae debeat consulere, & hoc ipsum intimandum quod proximi fama periclitetur, simul firmandus, ut contemnat rumores & vana sinat senescere, sentiat tamen ille, rem suam agi. Vel lauda Clientem veluti compatiens ejus affectus

ctus, voce flexa', bene exaggeratos propone eo-
rumque sequelas, dic eximium esse, sed ab hoc
vitio deturpari, quod tace. Nunquam mina-
re, cui nociturus es, hic enim præcavebit, sed
finge te imparem, nec posse, & si velles. Re-
trahe eum tecum in amicitiam, adhibe com-
messationibus, ut incustoditum reddas, & oc-
cultos habe testes, coram quibus dic, ut aliquid proloquatur, vel in Principem &c. & erit
materia delationis. Factum hostis exaggera,
quod mala sequentur, nisi puniatur. Interim
quo minus effectui tribuere videaris, deprecare pœnam, sed inefficaciter, ac longe jacienda
sunt odia, mores, & facta interpretando, & ubi
occasio tulerit, debilitatis passibus in casum
impellendus. Nunquam plures sunt oppu-
gnandi, sed cum aliis interim amicitia contra-
henda. Semper tuas res prius stabili, quam a-
lienas aggredere, nec vindictæ indulge, nec
occasiones tuarum rerum agendarum negligas.

Amicitiam solvere.

CUm nemine Veluti uno ictu amicitiam scin-
das, nec accepta injuria Veluti odio; sed re-
conciliatus, ac ferventi quasi amore sensim diffu-
es, aut ut dulciter penitus solvatur subinde tp
congrediaris, & si occasio urgeat, quasi per negotia
breviter alloquere, mensæ adhibe, ut non solum
nunc videaris amicus, quando eum ejecisti. Si de ali-
cujus

cujus Patroni benevolentiæ confidere præsumat,
intellige Patronum amicum, cui rei maxime fa-
veat, qua afficiatur tenerrime, quam nullatenus
daturus, persuade dicendo, ut eam petat, & ubi
repulsam tulerit, quod tam exigua res ei negata,
quasi aliud agendo exaggera. Suade, ut ab amico
res petat mutuo, quas probabiliter destructurus,
ut equos pro longa via, vestes pro convivio, vel eo
tempore, quo ipse indigebit; sive ergo cedat lasso,
sive non perinde erit. Vel quæcunq; alias res non
designato tempore redditionis, ut sic se monendo,
deberndoče ledat, pudeat eum occurrere alteri.
Et sic amicitia sensim frigescet. Spargatur, eum
amici consilia vivere, suis nihil posse, imo amicum
domum ei negare, etiam familiam, omnia invidea,
sic rarius conveniant & dissolventur; vel office amico, ut concredat secretum, quod interea fac aliis
innotescere; pluribus sic fidem suspectam habebit
amici.

Laudare alios.

Specie libertatis id age, te non nisi tuo judico,
ac publico bono id loqui & agere, nil magis
adisse quam adulationem: Lenitas etiam ejus
ac clementia excusanda, esse debitum pietatis, ut
rigor languescat; Nunquam ea apprecare, quæ
quidem, dum unum laudas, alios palam perstringunt, nisi forte ubi turba, ubi plurimæ voces
confusæ. Quare virtutem amici illaudatam relinque, vitia dissimula

Ne se alter ab officio excuset.

PEtitioni, seu excusationi dic ejus satisfacturum, quando meliori ejus bono tete non consuluisse apparuerit. Literas relinque, quæ post certum diem tui discessus legantur, interim omnibus officium ejus denuncies. Si rescripserit ad te literas, nil ad eas responde. Si oretenus deprecetur, dic, eum esse simpliciter in eo solum ad breve tempus, breve liberandum, si videbitur, labores cumulari: ut possit ostendere merita ad invidiam alienam retundendam, tum hoc officium solis conferri, qui ad majora promovendi, quorum virtus perspecta.

Iram tenere.

IRasci nulli properes, quia sæpissime deprehendes, rem sinistre delatam, te non intellexisse. Si quid interim ex ira facies, tibi damnum manebit. Si lædaris, optimum dissimulare, quia lis litem generat, & pax amittitur, & licet vinces ipsum, hoc erit durius, quam vincere, & interim plura contra te excitabis. Restringentibus quod optimum responde, interdum quod ironice aut maligne loquuntur, tu candide ad verba, non ad eorum mentem responde, & interea te aliis curis occupatum simula

mula. Si te in via quis aggrediatur, non nominando quidem , sed factum , de quo illi suspectus es , exagitando , tu idem factum serio accusa , & hominum talium nequitiam veluti nullo modo conscius esses , vel simula te non intelligere , & omnia alia responde. Si vero etiam te nominet, ita age , ac si non serio contra te , sed iram fingendo insurgeret, tum dicta jocosa appone , quæ illum non perstringunt , ad hilaritatem componant , vel te simul cum illo increpes, ac si esset aliquis tertius, & plura tu, quam ille carperes , & postquam deseruerint, levioribus modis ea excellenter exagitata , ostende, quam causa futilis sit. Si contigerit, te citra conveniens accipi ab aliquo , dissimula , & inimicitiam absconde , & eodem modo age, ac si honorifice esses acceptus. Sic illi pœnæ erit illius inurbanitas , & confusioni, & errorem beneficentia compensabit. Nobilitas tua causabitur nova , si quispiam in honores novos debacchetur , illius partes bene tuere , veteris sanguinis laudes prome, par esto ratio de aliis casibus. Si convitio aperte peteris, ut locus dissimulationis non sit, jocosa responsa habe in prompte, vel narratiunculam , quæ ad rem faciet utcunque ordire, per quam tamen paretur via protecturis aliis sermonibus. Habe in hos casus , qui signo dato literas offerant, cum legeris , dic aliquid lepidi contigisse , ad quod fortuito spectandum evocetur. Relin-

que

que inimico tempus, ut ipse indignitatem facti advertat, non tamen illi proponas, ne quasi ex tua parte occasio iræ soleat esse, ut si quis infallibiliter intra certum tempus destinet negotium absolvere, & interim aliquid occurrat, à talibus propositis cave.

Fugere.

AQua fortis tibi, veluti vinum adustum feratur, qua compotes, riga vestem tuam, flumine reple, ac suspende, custos te credat desperatione actum, ac neglecta custodia in alios evulgabit, fruere occasione; morbum simula, ut sedes sanguineas rubricam edendo, pulsus alteratos prope subitum tangendo, palloremedendo, hinc pote, ut Medicus vocetur, te insomniis fatigari quereris, potes in domum custodis transferri, & secum die velle cænare, pote tibi soporifera, qua in potu hospiti propinabis. Dum fugam paras coram tuis, die gladio te fugam sumpturum, ut si quis eorum ab insequentibus interrogaretur, spe eos dejiciat ab insequendo: cruentum gladium abjicies in via vel vestem in ripa fluminum relinque, quasi te in undas abjeceris, vel persuade sociis, ut se in tuttora recipiant, ac ubi solus eris, domum, in qua solus concrema, veluti te ipsum exussisses; equum habe tractabilem, solem duplicabit ciabis affixa, comestibilia duratura. Nunquam de una via interroga, sed de pluribus simul, & spectante aliquo, eam concipe, quam minime intendis; Rem ex-
ci-

civitatibus, pagis, egrediendo primum in campos,
mutato habitu, pileo, vase, proposita Sitim: regre-
dere, si instant, qui insequuntur, dimitte equum
vulneratum, & ubi in eorum manus devenerit, su-
spicionem facient te occisum, sine in flumine aut
puteo pileum natare, ut credaris submersus esse,.
Item habe tegumen equi, seu fasteras amplas, qua-
rum colorem ubi volueris, mutare possis, larvam ex
membrana expressam, ex utraq parte pictam di-
versis faciebus, ut illas pro lubitu assumere possis.

Punire, corrigere.

MAnu tua ne crudelitatem contrahas, cæ-
dere cave, siquam oporteat bene pu-
niri, & casus gravis desit, sic parabitur. Prolem, & quam condonare possis, aut soleas,
leviter puni, ille indigne feret, queri, ac mur-
murare incipiet, iterum puniendus, iterum
queretur, dum veluti contumax, gravis noxæ
reus dabit majora pœnæ majoris. Juvenes a-
liquando pœna magis accenduntur, permitten-
da itaque illis quædam, sed talia, quæ cupidines
expleant, non ad alia accendant, hoc est, non
indigeant alia ad hæc obtinenda, nec ad similia trahant. Si aliquem è domo tua, aula officio deposueris, idque alios male habeat, sparge
& palam dole, tandem te advertisse, ab èo te
inclinari solitum in damna subditorum publica, & eorum, qui casum ejus obtendunt, abhinc

res

res suas meliori loco fore; sed ut quoque possis sufficere omnibus, ad hæc confirmanda fac ea, quæ fidem faciant, ut si dispensatorem amovisti, per eum stetisse, quo-minus solverentur stipendia, & statim cura solvi. Justitiam administra in aliena pelle liberaliter, ubi tuum damnum non infertur, ut si tuus Gubernator subditos presserit, gratia referenda maneat, (si causa publica sic exigit) ut res repetendas sibi adscribant, saltem exsponte ad aliquod onus se obligandi. Si velis corrigere aliquem, cum eo ipso de remediis delibera, gratiora non habebit, quam ipse invenerit, item ipse sibi pœnam statuet. Esto in inquirendo non inimicus, dissimula cum potes sine tuo damno, & contumeliis erga ingenuos abstine; da illi literas ad certum tuum factorem perferendas commendatitias alias; Occulte prome, quæ ejus pœnam contineant. Si aliquem vis ad meliorem frugem reducere, pone illum in officio, ut illum errorem corrigat in aliis, quo ipse laborat. v. g. Ebriosus ab ebriosis pœnam exigat. Si aliquis se satis humiliet, & palam, parce, ne desperatione agas in pejora, nec ad id coge, quod maxime reus recusaturus, mediocri vindicta esto contentus. Post decretam pœnam mediocrem expectari debet, si forte nova vita oriatur. Ubi ad reos progrederis, non ostendas te ad eos viam abstulisse, ut nullus non au-

D   ditis

ditis sceleribus iram acquirat, ostende, te natum
quidem ad clementiam.

Seditionem componere.

NUnquam plures, ut tecum agant, admitte, sed
unum è medio sui eligant. Philosophi petunt,
ex quibus causis fiat motus, si ob usuram, ipse ac-
commoda sine usuris. Propone magna præmia, qui
seditionem composuerit, modum componendæ se-
ditionis suggesserit, autores sustulerit, prodide-
rit, si sit ferox populus, ante omnia per viros bonos ad virtutem componendus, timor Dei, & pietas inducenda, hæc sola emolliunt, leniores fa-
ctionis sparsis rumoribus insimulandi, quod occul-
tum privatum bonum, dominationemque illorum
malo & sanguine quærant, nihil inde commodi
reportaturos.

Laudes proprias audire,
dicere.

PRovidendum, ne vel in comparationem
vergant, vel singulares, & si veræ, quia raro raræ fidem inveniunt. Si quis palam te
laudat coram Principe, dubita, ne te clam ac-
cusaverit. Cum maxime laudaris, adverte, ne
in caveam ducaris. Ubi omnia tua laudantur,
vel pro omnibus gratiæ aguntur, & omnibus
ante positus es, suspectissima omnia habe. Ne
per

perjactantiam totum quod potes dicas, quia sic
adversarium informabis. Si velis gloriam tuam libellis, quales sint, qui panegyricos conti-
nent, divulgare, tali libello id age, qui facilè
ab omnibus coematur, & in variis mundi partibus æstimetur. Ideoque authores talium præ-
noscendi,& tuum nomen laudesque interserant;
plus enim hæc te divulgabunt, quam ingens
volumen,quod nullus empturus aut lecturus.

Pacem internam habere.

*Nec destina tibi; nec in eo laudem pone, ut in-
tra determinatum tempus omnino aliquid
peragas, quia vel multa interim omittes inter-
currentia non prævisa, vel si impedieris, turbabe-
ris. Persuade tibi,non esse probabile, ut à tuis er-
ror aliquis non committatur,nil destinetur. Querelas tuorum de te contemne; secretum vel non
accepta ut secretum, vel tene. Aliena deposita
sita; cum suspectis hominibus de garrulitate non
plus age, quam usitatis formulis, ut sunt: quomodo valeat &c. Ultro nulli operam ad interceden-
dum promitte,si non succedat,turbaberis. Per te
ipsum res apud artifices fieri non cura. Cum que-
rulis gementibus fœminis, & contumacibus, nullum habe negotium. Si cogaris ad ea loca abire,
quæ tibi non placent, recusa ferre tua negotia nega & in illis age, uti aliis usibus essent destina-
ta.*

Obse-

Oblocutiones contemnere.

Laudes, & ludibria, adulationes, scommata, nullibi magis fallax genus humanum pasquillas contrabe scriptas, & ipse lege, & legi cura, ride, sic eum desperabit Autor. Pasquillum contra te in publicum non prode, negotia finge, si tamen prodendum est Pasquillum, domi sæpius legas, & ad eum ridere discas, affectus accommodatos assumere, imaginare te interim illud irridere, objicique fingas, & ad ea responsa præmeditare congrua assumpto affectu. Non semper obtegendum, si quid adversi accidat, ne ipsa dissimulatione credatur verius accidisse.

Dexteritatem in agendo acquirere.

Cum indolendum alicui, quod patiatur solari, ut ajunt Rhetores, per Locos communes, non attingendo, ne ea occasione lædas. Si coram te quispiam vituperatur, cautissimus esto, nec lauda, nec damna, utrumque odiosum. De superioribus tuis, & si ab alliis sis offensus, bene loquaris, nec patere, aut dissimula alterum loqui, etsi tibi placeat. Veritatem eorum, qui coram te aliquid accusant, deprehendes, audi accusatores tuos cretensus, &

puncta

punɛta adnota, deinde jube tibi ea ſcripto dare, &
dic id·te agere, ut in faciem accuſanti legantur;
confer, & Veritatem cognoſces.

Supicionem avertere.

L Ege titulos Gratiam comparare, Offenſam
vitare, Caute agere, *ſi ſuſpeɛtus es, aliquos ac-*
cuſatores te maculaſſe coram Principe, inſcribe
literis ad eundem, quibus laudes contineantur,
mitte eas, ut ad ſuſpicantes deveniant. *Vel ſi eos*
Vexare Velis, inſcriptas intus literas capi permit-
te, Varia artificia ſuſpicabantur, ad aquam Vel
ignem legi poſſe; Vel potius ſolum ſcribe, primas
& ultimas ſyllabas cujuſque ſententia, & aperte
deprecare, te non Velle ad Principis manus eas
perVenire, ne adulator eſſe Videaris.

Malos ſubvertere, deponere.

S I deponendus ſit quiſpiam ab officio, prius
illi non ſubminiſtranda per aliquod tempus pro neceſſariis pecunia, ut debita talia
contrahat, qualia ſuffectura in pœnam, dum
ab officio removetur, debita non rata habenda, ut ipſi creditorrs ab eo exigant; Sic ru
ſine moleſtia eum pecunia puniviſti. Si quis
Domini potiatur gratia, depone illi pecuniæ
ſummam, Vel rem, quam Dominus accuratiſſi-
me claudit, Vel quæ uxorem maxime conceſ-

nit,

nit, noctu ei aufer (idque conficiendum per
modum joci) res, & simul præmonendus Dominus, ut attendat sibi insidias, & corruptum
esse famulum, quæ omnia præmeditanda. Si
timetur, ne læsus turbas concitet, ut si velis
Ducem exercitus officio privari, prius eum ex
abrupto vinciri procura, illumque gradum ita
occulte redde, ne id appareat; & tandem exercitum ejus pari trade, da solutionem exercitui ex tuo, ne amissum desideret Ducem. Si
aliquis clamose nimis in mensa v. g. disputet,
falsum asserat, jube chartam afferri, ut suam opinionem scribat, eidem subscribat, cras de ea
litiget, & si quem fastuosum ad vertas tuum
ambire officium, cui sit impar, ut si sis Dux belli, nam in hoc genus maxime cadit æmulatio.
Hostem exaspem, difficilia omnia redde, tibi tamen quoad castellum commeatum optime provide, pete velut alio bello districtus, ut ille tibi succedat, nec illi rationem belli, aut locorum, aut hostis redde, sic in angustias incidet,
nec propera ad succurrendum, donec se & te
cognoverit. Si expediat aliquos juvenes mollissime subverti, ut effœminate tractentur in
ingenia invita, canendo, pingendo, sculpendo,
frangentur; Præfectos servos habeat, quibus
nil pensi in honesto, ad omnia venales sint,
cupidines juvenum sequantur non regant, idem est de aliis, quibus servos tales suggere desperatos, ut in illos impingant languidi, *sogni*
vena-

Senatori Senatores mitte, per ignotum quempiam ab amico ejus literas responsorias, & illas velut ignavia ferentis amittere sine, ut à pluribus legantur, ut negotia ejus non succedant, multa agenda ei simul impone, ut nihil obtineat, multa petenda, quærenda svade. Animalia illius, quibus oblectatur, arte interfice v. g. cibis piperatis, crocatis consigna, ut rabidus reddatur. Equum, quo usurus, medicamenta altera, ut accepto sessore furiosus reddatur, ingentia præmia appone, ut ad leonem v g. ingrediatur, in rem evidenter periculosam incidere videbis.

Peregrinari.

Nulli pecuniam tuam pate fac, imo semper modicissimam pecuniam accusa, si quæretis ab aliis, quorum non interest, unde venias, quantum potes, illude, nulli concrede, versus quam partem eas, semper aliquos, versus quam partem itur, roga, & à diversis diversa. Cave, ne rixantibus te aggreges, solent enim rixas inire; ut si eas intres, te spolient, tua diripiant, imo quibuscunque stommatis petitus, dissimula. Cave etiam illis credere, qui splendide, & velut alti sanguinis ornati, nisi aliunde tales noveris esse, sæpe enim fures sunt larvati. Lectum non ingredere, nisi immediate ante cum lumine circumquaque perlu-

stras,

ftres, fimiliter cibos; Non adhibe famulos ho-
fpitis ad obfequia circa te, ne tuos faccos hoc
acceſſu luſtrent. Librum tecum ſemper aliquem
refer, ut tempus fallas, tutos focios habeto, & ut
præcurrant potius /quam ſequantut. In locis
lubricis, montanis, ferramenta utiliter appli-
cantur, ſummis pedibus inceditur. In ſermone
paucus eſto, ne etiam in multiloquio in tuam
pecuniam aut vitam pecces. Boves tutius equis
incedunt per montana.

Vana non appetere.

CUm agitur de re feria, & magni momen-
ti viam ludicram aliis concede, ut applau-
ſum, gloriam &c. v. g. Vult urbem hoſtis
reddere, honeſtiſſimas conditiones fer: a-
gnoſcat ſe non eſſe victum, ſed gratiam præ-
ſtare, abeat vexillis expanſis, nil ipſi quoad im-
ania deſit, vel quod victor optare poſſit, dummodo terris cedat, captivos tradat, & aurum,
munitionesque relinquat, & id cum Sol occidit.
Idem eſt de rebus, quæ operis ſubtilitate, varie-
tate, uti flores &c. talia alios in præmium habere ſine, non te. Nullis opus præmiſſis monere, ut ab iſto aliquod damnum in præſens habeas, ut ſi forte ſe ſibi gratum voveat reſervi-
turum; voces, & non ultra talent, & in quae
non plus par eſt impendere, quam quod voces
ſunt, talium ſtatim obliviſci, cum damnum ti-

- bi

bi semper manet. Gloriam & nomen habere,
sine aliis, tu solam potentiam quære. Si ad
aliquid splendidum promovearis, etiam eum
promoveri cura, quem metuis, ne turbas moveat, sed de munere gloriam, non fructum capias.

Arguere, Emendare.

APtum illud tempus est, quando subditus
nil aliud quam laudem expectans venis
ad gratulandum, tu reprehende; Modus hic ingenuos arguendi non est. Etiam minima facta
lauda, sic diligentia crescet; optimum est, per
amicum illius in confidentia, & secreta monere. Si quis illicitis amoribus implicitus, eumque velis liberum, cum negotiis tumultuosis
obrue; suborna, qui dicta vel facta carpant, ad
te deferant, falso testentur, & nullum factum
ejus approba. Vide insuper cum quibus agat,
eos rescinde, non minus in eo genere exempli
adjungantur, viri viris, fœminæ fœminis, quia
diversus sexus nocuit. Attribuendi socii, qui
si non virtutibus, saltem contrariis vitiis laborant, hic ferus, ille blandus, illi ardentes, isti re-
missi.

Affectus simulare.

AFfectus simulabis, falsi cultus si diutius siste
in publico, tandem adversatur; unde præst de
D 5 absti-

abstinere luce, & alios, qui vere tales affectus ha-
bent, pellicere ad idem. Optimum erit te interea
seriis distrahi, ut ipsiusmet affectus, quem pellere
vis, obliviscaris, sic nemo, utcunque te speculetur,
invini & latitiam ex te colliget.

Mutuum cave,

*J*Ube, *ut famulus, qui res dat, syngrapham pra-*
beat, in qua omnia descripta, subscribendum,
quasi suam causam te nescio agens. Ideoq; si hunc
casum evitare nequeas, expediat te pradicare
debitorem, vel aliquid aquivalens simul mutuo
petere; fingendo, te egere, vel te quidem non abun-
dare pecunia, quam amicus petit, posse tamen in-
venire, & quidem sine fœnore, dummodo pignus
prabeat vel si res habeat dividendas testatione
pretium acquirere, si aliquid apud te deponat.

Veritatem assequi.

*U*T *verum aliorum judicium, de tuis re-*
bus acquiras, age, ut orationem tuam al-
ter dicat, ut suam, vel ipse lege factum
tuum, & illud refer ad alium pretinere, & sic
de eo judicium perquire: aliud judicium, aliud
humanitas in amicis, igitur fide, si modeste laudaris. Laudis aliquid tribuere, humanitas est:
nihil laudis adscribere, de negotio curiose
disquirere, nil de facto probare, inhumanum
est.

Acce-

Accusare.

ULtimus esto ad accusandum; & litem non mo-
veas illi, quem scis gratiorem esse judici, quam
te, nisi prius animum in tua causa adsertis. Sed
litem movisti, aut tibi mota, etiamsi tua causa
sit aquissima, ita age, ac si extreme mala esset,
conveni, & praeveni Judices muneribus; aggredere adversarium per mediatores, qui eum conveniant, quare; praemeditare exacte, & per o-
tium ea, qua tibi objici possunt, qua responderi,
omnia tamen secretissima habete. Nulla ratione
adducaris, ut tua jura, aut privilegia alicui o-
stendas, quia dabis, quid adversant, & expli-
cent. Ingenium agnosce ejus, a quo accusaris,
ferox, an ignarus, ut tibi moderari scias; si ferox, tempus selige, quo illo in fervore; si ignarus, lente agendum est; curandum etiam, ne ullo modo delatus sciat, se accusatum, & in qua
causa, sed ut illi subito accidat accusatio, quod
etiam exercitatos in sua causa turbat. Delige
etiam, qui tuas partes promoveant, parum refert, cujus notae, aut formae homines, dummodo
Judici chari, illosque involve periculo, ostenden-
do, illorum rem agi, ut persuadeant sibi, se non
posse acquiescere, nisi extremo suo discrimine; a-
gas insuper, ut cuncta accusationes, non in modum causae, aut litis, sed amicitiae, aut sacreta
commotionis peragantur, immiscenda atrociora
ex ipsis Judicis visis, qua quia vera, etiam in reo cre-

D 6 den-

dentur, ipse etiam Judex, ut advertat suam famam, & honorem, & vitam in discrimine. Coram
Judice omnem misericordiam adversus reum o-
stende, solum te malis publicis moveri, suam sor-
tem accusare, quod jure alias amici casum debeat
incusare.

Accusatum esse.

TEgendum, si ab aliquo te accusatum advertas
nec subito, in quo delatus es, te corrige, ne se
delator praetexisse advertat, & suam delationem
ab eo, cui detulit, grate habitam; imò dic eum data
opportunitate, & hostem, & delatorem, & sic eos
optare, ut solent proditores optari, nunquam tamen amari, &c. Et hinc solere argumentari, si coram me alios depingit, ita & me coram aliis; imò
minus iis prudentia, concordia inesse, aliorum non
socios, sed carptores judicare, & si ut utiles sibi
admittas, laturum tamen suo tempore animi erga
tales affectum. Qui te detulit, adi consule, quid sit
in hac delatione agendum, & veluti ab intimo a-
mico pete. Qui coram altero de te, volendo te ab
illo avertere, pessima locutus, coram hoc eodem, o-
ptima de tertio, cum quo committeris, loquere, initio litis eum ipsum accusatorem ostende compli-
cem, vel judicium coram agi, maxime iniis, quae
grata sunt, ut accusatorem olim anno militia ju-
dicibus deponenda; si de pluribus arguaris, ne o-
mnia negando fidem perdas, aliqua, etsi falsa, a-
gnosce, ut desit opinio, te flexilem, & errore non u-
tique affici. Saepe juvabit, & si scriveris, te ad Do-
minam

minum delatum, si ille non exigat, se non purget ;
magis commovebis , & te incitabis, sed initium
illud summe vitando , aut contrarium agendo.

Provincias adire.

PRimo ne ullæ habeantur memoriæ , sed
quidquid notatu dignum , sive ex bono, sive probro, ignota lingua , non communi,
ne si indigena advertat, offendatur. Secundo viam in locis tam publicis , quam privatis,
tam sacris , quam profanis, lustra omnia sacra,
ut sunt Templa intus , Epitaphia, Anathemata,
sepulchra virorum illustrium , Symbola mortu-
orum, Organa, Columnas, Cathedras, &c. Ar-
ces, Montes, Silvas, Valles, Flumina, & eorum
naturam , effusionem , ortus, nominum origi-
nem. Tertio aeris constitutionem, ut Romanus advenis non laudatur , melior Bononien-
sis, & Patavinus, noctium, & dierum. Quarto
situm Urbium, quæ pars ei mundi plagæ obver-
sa, fodinas metallorum singulorum, Thermas,
Naves, Ceremonias, Campanas, Horologia &c.
Hæc caute inspicienda. Turres, uti in Ger-
mania tres cæteris nobilissimæ, Viennæ, Argen-
torati, Landburgæ. Stemmata Urbium , &
origines, aquæductus, miracula, oppugnatio-
nes. Quinto Academiæ ritus in gradibus
conferendis. Sexto Artificia & Artifices, Ar-
mamentaria, & in his machinæ, marmora, pa-
latia, modi convivandi , quorum seminum ca-

pax terra. Septimo status Reipublicæ, Episcopi
potestas, quis modus in nuptiis, bacchanalibus;
mercatura, pietas, divitiæ, studia, singula ab
expertis eorum exquirenda; Ea maxime no-
tanda, quæ tibi utilia, quibus illa Natio maxime oblectetur, qua parte posfit vinci. Quomodo in omni loco, nomine & figura notetur modus loquendi, fructus servandi, & hortos, spa-
cus, fodinas. Locos subterraneos erroribus ob-
noxios lustrandos sine ignitabulo bene instru-
ctos non ingrediaris, & aliquas candelas variis
in locis pone, & si solus intras, Ariadnes consilio utere, funiculum accipe longissimum, ut per
illum dirigendum exire posfis; Quia sæpe no-
civus aer in his antris, habe odores, & unguen-
ta, & ante ingressum te bene præmuni. Eam
gentem, apud quam degis, lauda, quam hæc in-
sectatur, reprehende.

Libros speculativos
legere.

QVæ sit assertio, quid doceat, quot puncta,
quot singulæ voces posita; & quidem quo ordine, quid inde inferri posse, quomodo assertum
probetur, quibus argumentis ad formam Diale-
ticam reducendæ, & responsum præcogitandum,
sati ne forma major; quomodo minor confirmari,
& quæ instantia afferri possent, cum qua Thess.

consonet, aut pugnare videatur. Quid contra ob-
jici, quomodo textus artis, & §. §. & scriptura ex-
plicari. Quid adversa sententia afferat, in quo
punctis contrarietur, quomodo singula probet, ex
quo principio, objectionem, formam, responsum,
singulis membris applica, & judica ubi quid de-
fit, & quid Adversarii negare, & quid contra re-
torquere possint. ipsa objectiones, quas legit, &
quomodo aliter solvi possint, & promoveri, quo-
modo aliqua difficultas clarius, & quibus verbis
ponenda, & in quo consistat, conclusionem non
statim ad particulam applica, ut constitutiones
physicas de causis ad ignem, arborem, Angelum,
Theologi v. g. de Sacramentis in communi ad cata-
m Sacramenta. Non esto contentus semel perle-
gisse sed diversis vicibus idem, saepe non sponte
occurret intellectui, quod multo labore ante ha-
bere non potuit, & si quis tibi explicat, prius ipse
relegas, ut copiam argumentandi acquiras per sin-
gulos locos, ut vocant Dialectici, dutius, assertio-
nem, & contra illam assertionem, aut pro illa ;
quare ultimo, quali discursu in colloquio Medico-
rum, aut Doctorū usui servire possit ea speculatio.

Axiomata.

1. *Cum quocunque amico ita agas, ac si futurus*
esset inimicus. 2. *Periculosum in communitate est,*
si unus sit nimium potens. 3. *Cum aliquid cures,*
nemo te curare advertat, priusquam fueris in
possessione. 4. *Multa mala scito, quod prohibere*
possis.

possis. 5. *Quæ possunt componi pace, aut quiete bello aut liti non committenda.* 6. *Melius est parvum damnum accipere quam spe magni lucri causam in dubium adducere.* 7. *Acrem esse nimis in agendo, lubricum est.* 8. *Melius medium, quam præcipitia.* 9. *Omnia scias, nil prodas; cum omnibus suaviter, cum nemine fere effuse, seu nimis candide agas.* 10. *Inter factiones medium esse beatum est.* 11. *Omnes aliquantulum suspectos habe, & non sis persuasus, te melius habendum, quam alios.* 12. *In qua parte plures sunt, eam si non sequaris, non vitupera.* 13. *Quo te affectus abripit, id suspectum habe.* 14. *Ad donandum & condibandum tanquam hostile consilium discute.* 15. *Secretum difficilius, quam hostem captivum, tuo jugulo insidiaturum admitte.*

Operis Compendium.

Hæc quinque præ oculis habe, nempe:
1. SIMULA. 2. DISSIMULA. 3. NULLI CREDE. 4. OMNIA LAUDA. 5. VIDE QUID AGAS.

SIMULA, DISSIMULA: Omnium te ostende amicum, cum illis conversare, à quibus abhorres, ut sic cautelam quoque discas. Iram omni possibili modo preme: plus una illa te diffamabit, quam multæ virtutes commendabunt. Semper faciliora eligere coneris, ut facilius obedire majori parti, quia plura secum trahit incommoda, & cum difficilis actio occurrit,

rit, de duobus elige faciliorem. Semper hoc
cura, ut nullus sciat, quid de hac re judices,
quid scias, quid velis, quid cures, quid fugias.
Virtutes non expedit nimis abscondere, nec sacra longiora incusare, ne videaris indevotus.
Etiamsi aliquid duriori modo possis obtinere,
eum non adhibe.

NULLI CREDE. Dum te laudat, persva-
de, quod illudat ; non concrede ullum secretum, quia saepe es despectus ; non lauda te, nec
vitupera : insidiantur tibi alii, ut te carpant,
non ostende libertatem in moribus, unde judi-
caberis ; si quis vituperet, & vexet, puta quod
tuam virtutem probet ; simulant & amicos, non
sunt.

OMNIA LAUDA. De omnibus bene aut
non male loquaris, ut sciat tertius, & cum au-
ctuario ad ipsum deferet. De superioribus
semper bene loquere, quia paci servit, eos quorum gratia eges, lauda item victum & amictum,
quem ab alio habes.

VIDE QUID AGAS. Quid loquaris.
Potest ne hoc in meliorem partem trahi ; si po-
est, certo trahetur, forte aspicit quispiam, aut
audit quem tu non videa.

DE

DE
CONCILIATIONE
ANIMORUM.
CAP. I.

§. I.

ITa natura comparatum esse videmus, ut prima de re qualibet conceptio in utramq; partem admodum valeat;ex quo intelligi facile potest, quantam vim ipse quoq; aspectus obtineat in commovendis disponendisq; hominum animis. Unde etiam sit,ut arctissimarum Conjunctionum ut plurimum hæc sit origo. Etenim facies honesta & dignitas formæ, indolis quoque haut vulgaris certissimum habetur indicium, & in favorem sui ignotos pariter ac ignorantes attrahit. Indeque frequens commendatio eorum, qui vel virtute insignes, vel fortuna conspicui fuerunt; adeo ut *Suetonius in vita Claudii c. 30,* operæ pretium putet, commemorare, quod *Claudio* quiescenti potissimum seu dormienti talis auctoritas dignitasque formæ adfuerit. Cui quantum sit tribuendum paulo quidem mollius, pulchre tamen *Isocrates* tradit *in laudibus Helenæ:*Multa,*inquit,*sunt, quibus plus honoris, quam vel fortitudine, vel justitia, vel sapientia præditis,habeatur; Eorum autem, quæ pulchritudine destituuntur, nihil diligi; sed contemni

potius

potius omnia, quæ hujus boni expertia funt, &
virtutem eo potiſſimum celebrari, quod omnium actionum pulcherrima fit, reperiemus.
Quantum autem pulchritudo antecellat omnibus rebus, è noſtris affectionibus erga formoſos
poteſt intelligi; nam cæteris rebus, quarum uſus
aliquis nobis eſſe poteſt, tantum potiri volumus,
animo vero propenſiore ulterius haut progre-
dimur; at pulchrorum amor naturâ nobis eſt in-
ſitus. *Iis etiam, qui vel ſapientia, vel alia qua-*
piam facultate præcellunt, invidemus, niſi nos
quotidianis beneficiis alliciant, & ſui amorem
quaſi extorqueant: formoſis autem à primo ſta-
tim aſpectu benevolentia conjungimur, & ſolos eos
colendo non defatigamur, ſed libentius eis inſer-
vimus, quam aliis imperamus. Jam ſi qui alteri
cuipiam excellentiæ obnoxii funt, eos inſecta-
mur & adulatores nominamus: *Servos autem*
pulchritudinis elegantes & induſtrios exiſtima-
mus.

§. 2. Et quanquam naturæ partes in decore
corporis ac morum præcipuæ funt; arte tamen
curaque & aſſuetudine corrigi ſæpe ac mitigari,
quæ aſperiora funt, poſſunt; certe vis inſita
promovetur ulterius. Quapropter, ut ex ve-
nuſto interdum corpore quæ veniunt, indeco-
ra ingrataque funt omnia, ſi turpitudine morum
indulgentia naturæ deformetur; ſic ubi eadem
difficilior has dotes parcius contulit, neſcio,
qua Venere quove Gratiarum benigno ſidere
cuncta ſæpiſſime nihilominus arrident. Neque

quæ vero ad venuſtatem aliquam muliebrem, aptari convenit; quippe removendum cenſemus omnem viro non dignum ornatum; adhibendaque munditia non odioſa neque exquiſita nimis: tantum quæ fugiat agreſtem & inhumanam negligentiam; itemque in geſtu motuque cavendum, ne quid odioſe inepteque, fiat. *Cic. 1. Offic.*

§. 3. Attamen cum circa mores non eadem omnibus placeant, ac alibi liberius, alibi reſtrictius vivatur, optimum ſane fuerit, ut quoad licet, eos imitemur, inter quos degimus. Quidni? cum Stoici quoque id jubeant; Ita enim ad *Lucilium* ſuum *Seneca Ep. 5. Illud te,* inquit, *admoneo, ne eorum more, qui non proſicere, ſed conſpici cupiunt, facias aliqua, quæ in habitu tuo aut genere vitæ notabilia ſint. Aſperum cultum, & intonſum caput, & negligentiorem barbam, & induſtum argento odium, & cubile humi poſitum, & quicquid aliud ambitionem perverſa via ſequitur, devita. Satis ipſum nomen Philoſophiæ etiamſi modeſte tractetur, inſidioſum eſt: quid ſi nos hominum conſuetudini cæperimus excerper? Intus omnia diſſimilia ſint; frons noſtra populo conveniat.* Mire hoc *Alcibiadem* obſervaſſe refert *Corn. Nep. in vita ipſius:* Nimirum cum *Athenis* ſplendidiſſima civitate natus eſſet, omnes eum Athenienſes ſplendore ac dignitate vitæ ſuperaſſe; poſtquam inde expulſus *Thebas* venerit, adeo ſtudiis eorum inſerviiſſe, ut nemo eum labore corporis

porisque viribus poffet æquiparare. Eundem
apud *Lacedæmonios*, quorum moribus fumma
virtus in patientia ponebatur, fic duritiæ fe de-
diffe, ut parfimonia victus atque cultus omnes
Lacedæmonios vinceret. Fuiffe apud *Thracas*,
homines vinolentos, rebusque venereis deditos,
hos quoque in *his* rebus antecesfiffe, veniffe ad
Perfas, apud quos fumma laus effet, fortiter venari, luxuriofe vivere : horum fic imitatum
confuetudinem, ut illi ipfi eum in his maxime
admirarentur; *quibus rebus effeciffe, ut apud
quoscunque effet, poneretur Princeps, haberetur-
que chariffimus.*

§. 4. Præcipue vero fummis æque ac infimis
charos efficit fervata ubique modeftia; hæc con-
dimentum eft omnium virtutum ; hæc DEO
& hominibus grata; hæc eos etiam placabiles
reddit, qui virtutem ipfam exfcindere parant.
Vix unquam aliquis ita excelluit, ut vinceret
fecum viventium invidiam; ab hac tutos im-
munesque fervat modeftia. Ignavi ac perditi
homines turpitudinem fuam exprobrari fibi
credunt, fi veræ laudis & gloriæ compotes cer-
nant alios ; hi licet iniquisfimi, faceffere tamen coguntur, ubi caufam obtrectandi omnem
fubducit modeftia. Denique ad quoscunque
fcopulos ipfa fæpe virtus impingit ac frangi-
tur, hos prævertere ac declinare prudens mo-
deratio novit. Hæc quam neceffaria temporibus illis, *quibus finiftra erga eminentes interpre-*
tatio

tatio, nec minus periculum ex magna fama, quam
ex mala? *Tac. in Agric. c. 5. quibus Nobilitas, o-
pes, omiffi geftique honores pro crimine, & ob birtutes certiffimam exitium. Idem l. H. 2. 4.* Nam
quid aliud *Roma* fub primis Imperatoribus tot
illuftres viros perdidit, quam quod memoriam
ac defiderium avitæ libertatis pauló immodeftius retinere viderentur? *Boccal. Cent. 2. Rel. 33.*
Qui vero in offensa tot Tyrannorum malitia *inter abruptam contumaciam & deforme obfequium* medio quodam itinere evaferunt, hos fola
protexit vitæ modeftia: his impune fuit, & pace
& bello maximos geffiffe Magiftratus. Ita *referente Tacito 6 Ann. c. 10. L. Pifo* Pontifex in
maxima claritudine fato obiit *nullius ferbilis
fententia fponta auctor, & quoties neceffitas ingrueret, fapienter modeftus.* Ætas ad octogefimum annum proceffit, præcipua ex eo gloria,
quod Præfectus urbi continuam poteftatem &
infolentia parendi graviorem mire temperavit.
Et de focero fuo *Julio Agricola* idem *in bita
ipfius: Domitiani*, inquit, *natura præces in iram,
& quo obfcurior, eo rebocabilior, moderatione
tamen prudentiaque Agricola leniebatur, quia
non contumacia, neque inani jactatione libertatis famam fatumque provocabat.*

§. 5. Conftat igitur, poffe etiam fub malis
Principibus magnos viros effe, obfequiumque
ac modeftiam, fi induftria ac vigor adfint, eo
laudis excedere, quo plerique per abrupta fed in

nullum

nullum Reipublicæ usum ambitiosa morte in-
claruerunt. *ibid. c. 42. §. 7.* Itaque factum *Thra-
seæ* haut probe videtur *Tacitus*, quem priores
adulationes silentio vel brevi affensu transmit-
tere solitum, cum de *Agrippina* matre *Neronis*
tanquam jure occisa referretur, Senatu exiiffe,
memorat, ac *sibi*, inquit, *causam periculi fecit, cæteris libertatis initium non præbuit. Idem 14. Ann.
c. 12. verf. 5.* Nec *Clytei* quidem ac *Califthenis*
cædem tam crudelitati *Alexandri*, quam ipforum morofitati ac intempeftivis objurgationi-
bus imputaverim; & ad omnes pertinere puto, quod contra *Helvidium Prifcum Marcellus
Eprius Romæ* quondam in Senatu differuit: Æ-
quaretur fane conftantia, fortitudine *Catonibus
& Brutis Helvidius*; fe unum effe ex illo Senatu, qui fimul fervierit: Svadere etiam *Prifco*,
ne fupra Principem fcanderet, ne *Vefpafianum*
Senem Triumphalem, juvenum liberorum Patrem præceptis coerceret; *Quomodo peffimis Imperatoribus fine fine dominationem, ita quamvis e-
gregiis modum libertatis placere. Tac. 4. Hiftor. c. 5.*

§. 6. Quapropter nulla gravior peftis omnis
benevoli affectus excogitari poteft, quam vul-
tus ambitiofus & arrogans, & imperii, gloriæ,
honoris, nimis immoderata cupido; quæ tamen mala in maximis animis fplendidiffimif-
que ingeniis plerumque exiftunt, *Cic. 1. Offic.*
Nec quisquam fere eorum, qui in Republica
verfantur, quos vincat, fed à quibus vincatur a-
fpicit,

spicit, & illis non tam jucundum est, multo
post se videre., quam grave, aliquem ante se;
Habet hoc vitium omnis ambitio; non respicit.
Sen. Epist. 73. Sed & successu rerum plurimi in-
flantur, & avidos facit nimia felicitas nec tam
temperata cupiditates sunt unquam , ut in eo,
quod contigit, desinant; gradus à magnis ad majora sit, & spes improbissimas complectuntur insper-
ata assecuti. Id de Clem. l. 1. c. 1. Hunc animi morbum utcunq; tegas, semper translucet; quod cum
in Principe quodam magni nominis superioris
seculi deprehendisset Thuanus lib. 11. Hist. Sub
insigni (subjicit) comitate magna latebat ambitio. Scilicet difficile est in eodem habitu persiste-
re, si non naturalis ista sit bonitas, sed ad tempus sumpta.   Ficta cito in naturam suam reci-
dunt, nec simulatum potest quicquam esse diu-
turnum; quibus autem veritas subest, quæque
ex solido constant, tempore ipso in majus me-
liusque procedunt. Nec offensas solum ciet in-
visosque reddit hoc supra omnes eminendi studium, talisque contemptor aliorum animus, sed
& sibi ipsi plerumque exitium invenit , utpote
qui stare nescit, non aliter, quam inpraceps deja-
ctâ pondere, quibus eundi finis est jacuisse , Sen.
Ep. 94. Proinde comprimendi sunt nimii spiritus, ne vel sublimi cogitatione, vel fortunæ blan-
dimentis elati, avidi magis gloriæ quam capa-
ces reddamur. Si quis enim personam induerit,
quæ vires ipsius superat , tum hanc indecore
                                         geret,

geret, tum eam quam fuftinere poffet, negli-
get *Epictet. in Enchrid. c. 59.* atque ita aliis gravis, fibi noxius erit. Rerum autem humana-
rum vicisfitudinem quis ignorat? Ut non imprudentes folum, fed & miferos merito repu-
temus, qui ad quosvis fortunæ ftatus tument,
eique fe totos committunt. Melius hæc cuncta perpendens & profperis & adverfis fuis e-
doctus *Seneca.* Nunquam ego fortunæ, *inquit,*
credidi, etiamfi videretur pacem agere: omnia
illa, quæ in me indulgentiffime conferebat:
Pecuniam, honores, gloriam eo loco pofui,
unde poffet ea fine motu meo repetere. *Confol.*
ad Helb. c. 5.

§. 7. Æque ab honeftis moribus aliena eft
petulantia ac incontinentia circa neceffitates
illas, queis naturæ defideriis obtemperamus, cir-
caque affectus motusque animi componendos.
Solem autem è mundo tollere videtur, qui pu-
dorem ex vita humana, quo ceu repagulo quodam remoto omnium libidinum effufa fequi-
tur licentia. Hinc & quod facere turpe non
eft, modo occulte, id dicere obfcœnum habetur: Cujus quidem rei præcipuam ipfa natura
rationem habuiffe videtur, quæ figuram corporis noftri, in qua eft fpecies honefta, in prom-
tu pofuit; quæ autem partes corporis ad naturæ neceffitatem datæ adfpectum effent de-
formem habituræ atque turpem, eas contexit atque abdidit. Hanc naturæ tam diligentem

E   fabri-

fabricam imitata est hominum verecundia ſi
quæ enim illa occultavit, eadem omnes, qui ſa-
na mente ſunt, removent ab oculis, ipſique ne-
ceſſitati dant operam, ut quam occultiſſime pareant; quarumque partium corporis uſus ſunt
neceſſarii, eas neque partes, neque uſus earum
ſuis nominibus appellant; itaque nec aperta
actio rerum illarum *petulantia* vacat, nec oratio
obſcænitate Cic. l. 1. Offic. Tenendus igitur hîc
modus tum in his, quæ haud obſcure notata jam
ſunt, tum in reliquis omnibus, quæ ab ipſa o-
culorum auriumque comprobatione abhorrere
videntur, quæque à nobis removere ſolemus, ut
verecunde occulteque id fiat, neque aliter, ac ne-
ceſſe eſt; Nam hebetis ingenii ſignum eſt, *ait*
Epictet. in Enchirid. c. 63. hiſce diutius immo-
rari, quæ facienda ſunt quidem, ſed obiter.　Denique nec ob gulæ deſideria verecundiæ ac mo-
deſtiæ fines decet excedere, cui negare quædam ſatius omnino fuerit, quam ſpeciem inci-
vilitatis præbere.　Atque hæc moleſta his eſſe
potiſſimum ſolent, cum quibus quotidie vi-
vendi aliqua nos ratio conjunxit; quos quo
magis obſervari continerique in officio convenit, ſi tranquilli eſſe domi velimus, eo cavendum diligentius, ne *ob faſtidium* illiberalioris
convictis animi ipſorum abalienentur.

§. 8. Reſtat ut dicamus, quomodo decorum
hoc circa *affectus* quoque temperandos teneri
debeat, qui ſi quid aliud, ipſam prope humanita-
cem

tem fede fua exturbant, hominesque in belluas
quodammodo convertunt. Qua in re maximo ni fallor impetu ingruunt *iracundia & in-
confultus amor;* quibus obnoxii, qui funt, his nihil ineptius, nihil intolerabilius, cum fibi ipfis
interea magnifici ac egregii videantur, mirificeque placeant. Videndum igitur, ut impe-
rio rationis, fi extingui non poffit, aft faltem
cohibeatur effrenis illa rabies, quam minime de ftatu fuo mentem dimoveat. Non tem-
pero mihi, quin huc transfcribam infignem
plane locum *Ciceronis* ad *Quintum* Fratrem *Lib.*
1. Ep. 1. qui etfi prolixior eft, comparatio tamen
utilitatis veniam, ut fpero, merebitur. Ex-
pofuerat autem ibidem *Cicero* pro fummo & ingenio fuo & ufu rerum prudentiffime, quas artes noffe debeat, qui cum laude præeffe Reip.
velit; poftmodum ita pergit: Quæ fupra fcri-
pta funt, non ut te inftituerem fcripfi, (neque
enim tua prudentia cujusquam præcepta defi-
derat) fed me in fcribendo commemoratio tuæ
virtutis delectavit. Unum eft, quod tibi ego
præcipere non definam, neque te patiar, quantum in me erit, *cum exceptione laudari.* Omnes
qui ifthinc veniunt, ita de tua virtute, integri-
tate, humanitate commemorant, *ut in tuis fummis laudibus excipiant unam iracundiam: Quod
vitium cum in hac privata quotidianaque vita levis effe animi ac infirmi videtur, tum vero nihil
eft tam deforme, quam ad fummum imperium*

B 2 *etiam*

etiam acerbitatem natura adjungere. Sic *ad nos*
omnes fere deferunt , *nihil* , *cum abſit iracundia,*
te fieri poſſe jucundius.   Sed cùm te alicujus improbitas perverſitasque commoverit; ſic te animo incitari , ut ab omnibus tua deſideretur humanitas.   Neque ego hoc nunc contendo, quod
fortaſſe cum in omni natura , tum jam in noſtra
ætate, difficile eſt, mutare animum, & ſi quid eſt
penitus inſitum, id ſubito evellere ; Sed te illud
admoneo, ut ſi hoc plane vitare non potes, quod
ante occupatur animus ab iracundia, quam pro-
videre ratio potuit, ne occuparetur. *Te ante*
compares, quotidie quæ meditere, reſiſtendum eſſe
iracundiæ: cumque ea maxime animum moveat,
tum tibi eſſe diligentiſſime lingvam continendam;
quæ quidem mihi virtus non interdum minor
videtur, quam omnino non iraſci; nam illud non
ſolum eſt gravitatis ,   ſed nonnunquam etiam
lentitudinis: *Moderari vero & animo & oratio-*
ni, cum ſis iratus, aut etiam tacere, & tenere in
ſua poteſtate motum ánimi & d lorem, etſi non
eſt perfecta ſapientia , tamen eſt non mediocris
ingenii. De reliquis affectibus, ne nimis longi
ſimus, dicere jam ſuperſedemus ; nam & in ſe-
quentibus hæc ſparſim tradentur, & à doctiſſi-
mis hominibus pertractata ſunt nimis.   Quanquam *ut recte cenſet Seneca Ep. 94.* *Iſta qui dili-*
gentiſſime monent, ipſi ſæpe facere non poſſunt, &
iraſcendum non eſſe Magiſter iracundiſſimus diſ-
putat. Outre cela la plus part des preceptes qu'on
nous

nous a laissez, & qu'on a reduits en forme de Science, sont des choses si abstruites, que si la nature, ou l'experience ne donnent l'art de les appliquer, elles reussissent pernicieuses ou vaines. Bien souvent au lieu de faire un habil homme. Elles ne font qu'un Pedant : Elles communiquent la presomption, & non pas la sagesse : Esgarent, au lieu demonstrer un chemin plus court; & pour une vaine reformation, qu'elles promettent, elles confondent & alterent tout, par la nouveauté qu'elles introduisent. Silhon en son Ministre d'Estat Liure I. Disc.

CAPUT II.

§. I.

Nulla autem res magis honesta inducit, dubiosque & in pravum inclinantes revocat ad rectum, quam bonorum virorum conversatio; paulatim enim descendit in pectora, & vim Præceptorum obtinet, frequenter audiri, aspici frequenter. Occursus, mehercules, ipse, sapientium juvat, & est aliquid, quod ex magno viro vel tacente proficias, Seneca Ep. 94. Huc introducimur ea, quam præcedenti Capite exposuimus, *aptitudine morum* : modo dispiciendum: Qualis esse *conversatio* nostra debeat, ut adipiscamur ac retineamus cum honore ac fide charitatem. Ubi *tria hominum genera* nobis præprimis occurrunt; Vel enim cum *Superioribus* nos fortuna committit; vel *Æqualibus* miscemur;

E 3   vel

vel *infra conditionem nostram positos* commu-
nione aliqua vitæ complectimur.

§. 2. Priores illos nulla re magis, quam *prudenti obsequio* devinxeris, quod medium sit inter *adulationem & nimiam libertatem.* Utrobi-
que turpiter plerumque ac perniciose peccatur;
Pauciores tamen reperias, qui obniti Potentio-
ribus audeant, cum infructuosum hoc sit, nec
periculis vacuum. Id enim in summa fortuna præcipuum habetur, nulli obnoxium vivere, & liberrimo arbitratu cuncta dispensare.
Sensit hoc *Favorinus* Philosophus, qui quum
verbum ejus quoddam ab Adriano reprehen-
sum esset, atque ille cessisset, arguentibus amicis,
quod male cederet Adriano de verbo, quod
idonei autores usurpassent, risum jucundissi-
mum movit. Ait enim. *Non recte suadetis, fami-*
liares, qui non patimini, me illum doctiorem o-
mnibus credere, qui habet triginta legiones. part.
in Vita Hadriani c. 15. Proinde indigum se haut
quicquam committunt viri docti, ubi, cum res
postulat, aliquid de gravitate sua remittunt,
sive necessitas cogat, seu insignis aliqua occasio
ita suadeat; quædam enim licet abjecta ac ser-
vilia videantur primo intuitu, tamen verius
rem æstimantibus censebuntur non personæ,
sed tempori data; veluti *Diogenes* cuidam in-
terroganti: *Qui fieret, quod Philosophi Divites*
sectarentur, non Divites Philosophos? respondit:
Hoc ideo fieri, quod Philosophi quibus rebus
                                        indi-

indigeant, probe intelligant., Divites non i-
tem. *Franc. Baco L. 1. de Augm. Scient.* Interim tamen nihilominus funt, qui vel præfracto
ad omnia ingenio *magnis inimicitiis elarefcere*
ftudent, vel imperiofi nimis & afperi honefta
quidem , fed intempeftive præcipiunt. Probant hoc allata fuperius Clyti & Callifthenis,
itemque Pœti Thrafea ac Helvidii Prifci exempla, qui cum hic offendiffent, omnium eorum
exitus infelices ac tragici fuerunt. Nimirum,
ut caufæ fuæ inferviens ipfe *Alexander Macedo*
differit: Regum Ducumque clementia non in
ipforum modo, fed etiam in illorum qui , pa-
rent, ingeniis fita eft; *Obfequio mitigantur im-*
peria; ubi vero reverentia exceffit animis , &
fumma imis confundimus, vi opus eft, ut vim
repellamus, *Curt. l. 8. c. 8.*

§. 3. Sæpius adhuc impingitur *in cauta fami-*
liaritate cum fublimioris fortunæ,hominibus:
qui licet remiffo fupercilio ipfimet provocare
ac elicere foleant promifcuam fæpe licentiam,
tenerrimi tamen ad omnia funt fenfus , nec fuæ
aliorumque conditionis unquam oblivifcuntur.
Repetat, qui volet, ex omni Hiftoria cafus illorum, qui, cum in fummo gradu illuftris amicitiæ confifterent , repente deferti ac in præ-
cepafunt dati; non alia magis frequens caufa
reperietur , quam abufus ifte ac nimia fiducia
conceffæ libertatis. Mihi ex *Tacito* prudentis-
fimo harum rerum indagatore unicum *Attici*
H 4 *Voffius*

Veſtini Conſulis exemplum adduxiſſe ſufficiat:
Neronis odium (inquit ille 15. *Annal. c. 68.*) ad-
verſus Veſtinum ex intima ſodalitate cæperat, dum
hic ignaviam Principis penitus cognitam deſpicit,
ille ferociam amici metuit ſæpe aſperis facetiis il-
luſus; qua ubi multum ex vero traxere , acrem ſui
memoriam relinqunt. Ex eadem intemperantia
jactantia quoque & *imputatio meritorum* pro-
manat. Atqui obligari beneficio nolunt, qui ſe
locupletes, honoratiores & beatos putant; quia
& beneficium ſe dediſſe arbitrantur , cum ipſi
quamvis aliquod magnum acceperint. Patrocinio vero ſe uſos , & Clientes appellari morti
inſtar putant *Cic. 2. Offic.* Deſtrui quippe per
hæc fortunam ſuam, ac ſe impares compenſan-
do merito credunt. *Nam beneficia eo usque la-*
ta ſunt dum videntur exſolvi poſſe : ubi multum
antevenere , pro gratia odium redditur. Tac. 4.
Annal. c. 18. ac fere ſemper graviorum facinorum miniſtri quaſi exprobrantes adſpiciuntur.
Id. 14. c. 62. Imo plura ſæpe peccantur, dum de-
meremur, quam dum offendimus. *Id. 15. Annal.*
c. 21.

§. 4. Alterum , quo ab honeſto obſequio
diſceditur, eſt *adulatio* , malum, quo nihil fre-
quentius ac æque noxium , ſed quod ægre in-
telligitur, rariſſime punitur. Ea enim ſcele-
ratiſſimi cujusque cæcitas eſt, ut indignus ne
maximis quidem laudibus , quæ ipſi tribuun-
tur, videri velit. *Boccalinus Cent. 2. Rel. 57.* Hæc

ſem-

semper magnæ fortunæ comes & in iulis præcipue Familiaris est ; quod licet ita notum Et
omnibus ; ut testimoniis non indigeat , gravè
tamen non erit , *Seneca* hic ruminari sententiam: Monstrabo tibi, *inquit, l. 6. de Benef. c. 3o.*
cujus rei inopia laborent magna fastigia , quid
omnia possidentibus desit: Scilicet ille , qui verum dicat , & hominem inter mentientes stu-
pentem , ipsaque consvetudine pro rectis blanda
audiendi ad ignorantiam veri perductum , vix
dicet à consensu concentuque falsorum. Non
vides , quemadmodum illos in præceps agat ex-
tincta libertas , & fides in obsequium servile,
submissa , dum nemo ex animi sui sententiæ
svadet dissvadetque , sed *adulandi certamen est,
& unum amicorum omnium officium ; una con-
tentio, quis blandissime fallat?* Et sane difficile est
ac rarum , ut non eo omnes inclinent, quo Principem ferri sentiunt, aut eos, qui primum in aula locum obtinent. *Cela pourtant n' est pas extra-
ordinaire dans le monde , & il n'arrive que trop
soubent , que ceux, qui approchent la Persone des
Princes n'estudient pas tant à estre les Ministres
de leur dignité que les instrumens de leurs passi-
ons: qu'ils sont plutost leurs Corrupteurs , que
leurs conseilers: qu'ils employent le Bice , quand
la Bertu leur est inutile pour s' abancer, & qu'ils
ne treubent rien de lasche, ni de deshonneste, &
ce qui peut remplir lenr ambition, ou asseurer leur
fortune. Et bien que le chemin qu' ils tiennent*
mene

*mens à des precipices, & qu'il y ait des exemples
de ceux qui s'y sont perdus encor frais & sensi-
bles; cela ne fait pas impression sur leur esprit: le
mal-heur des autres ne les couchepoint,& ils ont
si bonne opinion d'eux mesme,qu'ils s'imaginent,
qu'ils auront plus d'adresse ou plus de fortune,
pour s'en garentir. Silhon au Lib. 1. Disc. 4. du
Ministre d'Estat.*

§. 5. Periculosa omnino hæc quoque via ; de-
prehensi namque non solum gratia excidunt,
sed & omnium Mortalium abjectissimi habentur,tanquam qui ulla arte honesta rectisque studiis humo sese tollere non posse confidant , sed
suo cum dedecore, aliorum pernicie , irrepere
animis Potentum conentur;certe alienum prorsus ab ingenua indole hoc vitium, & si qui ere-
ctioris excellentisque animi sunt , ipsimet abo-
minantur fallax hoc hominum genus facileque
discernunt , num quis lingua ab affectibus libe-
ra, an ad gratiam & præter animi mentem com-
posito sermone utatur.   Non tulit hoc *Tiberius*
cautus in pleraque gubernatione Princeps ; itaque nec *Patris Patriæ* toties delatum vocabulum
adsumpsit , nec *in acta sua jurari* passus est, acer-
beque increpuit eos , qui *Divinas ejus occupationes* ipsumque *Dominum* dixerant *Tac. 1. Annal.
72. & 2. Annal. 87. Nec Cornelii Dolabellæ* ab-
surdæ adulatio gratior ipsi fuit ; Is cum absente
Tiberio Patres vota pro reditu ejus supplicatio-
nesque decrevissent, quæ cæteros anteiret, cen-
suit;

fuit: *ut obans è Campania Urbem introiret;* Etenim secutæ Cæsaris literæ , quibus se. non tam
vacuum gloria prædicabat, ut post tot ferocissi-
mas Gentes perdomitas, tot receptos in juven-
ta aut spretos triumphos , jam Senior peregrina-
tiônis Suburbanæ inane præmium peteret. *Idem*
13. Ann. c. 47. Cæterum tempera illa adeo infê-
ĉta & adulatione sordida fuere , ut non modô
Primores civitatis , *quibus claritudo sua obsequiis*
protegenda erat , sed omnes Consulares magna
pars eorum, qui prætura functi, multique etiam
Pedarii Senatores certatim exurgerent, fœdaĝ
& nimia censerent. Memoria proditur, Tiberium,
quoties curia egrederetur, Græcis verbis in hunc
modum eloqui solitum? *O homines ad servitutem*
paratos ! Scilicet , inquit Tacitus , *etiam illum.,*
qui publicam libertatem nollet , tam projeĉta
servientium patientiæ tædebat *ibid. c. 65.*

§. 6. Anceps igitur & lubricum eum his ver-
sari, qui nec libertatem ferre queunt, & adulationem oderunt ; Attamen nec exempla *obse-*
quii moderati desunt , & ad quam formam exi-
gendum hoc sit , non ita difficulter constitui
potest. Duos autem duntaxat instar omnium
producemus, qui nobis hic præeant ; Hephæ-
stionem Alexandri , & Manium Lepidum Ti-
berii amicitia prosperrime usos ; Quorum ille
omnium amicorum longe charissimus erat Re-
gi, cum ipso pariter educatus , secretorum o-
mnium arbiter ; Libertatis quoĝ; im admonen-

E 6 *de*

do eo non alius jus habebat, *quòd tamen ita usur-*
pabat , ut magis à Rege permissum , quam vin-
dicatum ab eo videretur. Curt. *l. 3. c. 9.* Idem In-
stitutum Lepidus quoque secutus est. Vir Taciti
judicio gravis ac sapiens temporibus illis ; *nam_,*
plerumque à sævis adulationibus aliorum in melius
flexit ; neque tamen temperamenti egebat , cum_,
æquabili auctoritate & gratia apud Tiberium vi-
guerit. Tac. *4. Ann. c. 20.* Quapropter noscen-
dum ante omnia imperium ejus, quem demere-
ri ac pronum nobis efficere studemus , nec si necessitas absit , vel nisi ratio officii aliud à nobis
exigat , quicquam aut dicamus aut faciamus,
quo offensas provocemus ; adeo ut & injurias
Superiorum , nisi honeste fieri possit , interdum
perferre , & defectus ac vitia ipsorum dissimulare pro conditione temporum prudentiæ esse,
asserere haut dubitem ; quippe qua potissimum
arte se sibi *Augustum* conciliasse & viam ad imperium præstruxisse. *Tiberius* apud *Boccalium*
gloriatur, Cent. *2. Rel. 33.* Rara autem temporum felicitas , ubi sentiret quæ velis , & quæ sentias, dicere licet. Tac. *1, H. 1.*

§. 7. Aliquanto expeditior ratio constat *æ-*
qualium inter se vitæ consortio , à quibus & as-
sentandi necessitas abest , & liberior tum seria
tum ludicra exercendi licentia competit.
Cum his non solum illa universalis hominum
societas nos conjungit , sed & amicitiæ optime_,
constituuntur , quæ sunt maxime constantes

Prima

Prima autem hîc cautio eſt, ut delectum quendam inſtituamus eorum qui ſint admittendi,
& quorum converſationem tanquam noxiam
fugere debeamus. *Inimica eſt multorum conver-*
ſatio, inquit *Seneca Ep. 6. Nemo non aliquod no-*
bis vitium aut commendat, aut imprimit, aut ne-
ſcientibus allinit; utique quo major eſt populus,
cui commiſcemur, hoc periculi plus eſt. Cæterum
uti non ſemper hæc noſtri ſunt arbitrii, ita præprimis cum his verſari debemus, qui nos meliores facturi ſunt, & à quibus aliqua commendatio
ingenii ac virtutis ad nos pervenire poteſt. Itaque aliquis vir bonus nobis eligendus ac ſemper ante oculos habendus, ut ſic tanquam illo
ſpectante vivamus, & omnia tanquam illo vi-
dente faciamus.   Aliquem habeat animus,
quem vereatur, *cujus auctoritate etiam ſecretum*
ſuum ſanctius faciat. Senec. Ep. 11. Præterea hic
quoque facillime in optimam partem cogno-
ſcuntur: qui ſe ad claros & ſapientes viros bene
conſulentes Reipublicæ conferunt, quibus cum
ſi frequentes ſunt, opinionem afferunt populo; eorum fore ſe ſimiles, quos ſibi delegerunt
ad imitandum. *Cic. 2. Offic.* Sed quoniam ipſa
ratio hujus vitæ, ipſaque natura actionum hu-
manarum ejuſmodi ſeparationem haut ſemper
concedit, opera danda eſt, ut ita inſtructi ſimus, ne offendamus, aut quos non decet, aut
quos non expedit; utque ſi omnes amicos habere non licet, inimicum tamen culpa noſtri ne-

minem

minem habeamus ; Diverso siquidem respectu observandi sunt omnes, quidam ut prosint,
quidam ne noceant.

§. 8. Ingens momentum huc affert *comitas
affabilitasque sermonis* ; nec quisquam fere ita
efferati ingenii est, quin se oratione benigna al-
lici blandeque appellando deliniri patiatur ; i-
mo experientia cognitum est, quosdam ex spe
novissima ad vitam quasi revocatos, ubi vel di-
luendi criminis vel obtestandæ gratiæ copia
ipsis data. Nimirum *humanitatis dulcedo etiam
in efferata Barbarorum ingenia penetrat, torvos
& truces hostium mollit oculos, ac victoria inso-
lentissimos spiritus flectit. Nec illi difficili & arduum est, inter arma contraria, inter districtos
cominus mucrones placidum iter reperire. Vincit
itaque prosternit odium, hostilemque sanguinem ho-
stilibus lacrumis miscet. Val.Max.l.5.Exemp.Me-
morab. c.1.Exemp.exter.* 6. Inclinari in hanc partem præprimis cœpit ætas hæc nostra, adeo ut in
mores abiisse, ut alia exotica, hæ quoque blan-
ditiæ videantur ; quo factum, ut evulgato hoc
arcano plus assensus quam fidei ipsis tribuatur,
ac speciem adhuc aliquam retineant, vim fere
omnem amiserint. Proinde isthæc cautio diligenter custodienda, ut serena fronte candidi
affectus indicium profiteamur, subdolæ vero
ac tectæ fallaciæ notam evitemus. Hujusmodi characterem egregio cuidam Principi adver-
sarum partium *Famianus Strada* attribuit, quem
tamen

tamen eo nomine vituperare haut potuit, quin
una etiam laudaret. Ita enim de eo scribit
Lib. 2. de Bello Belgico Dec. 1. Captandæ eorum
gratiæ quibus cum semel loqueretur, artifex
sane mirus fuit: adeo ex vero ad omnium mores suos conformabat, seque alienis momentis
circumagebat; *non quod ad ista descenderet of-*
ficiorum aucupia, & vocabula imaginaria servi-
tutis, quibus hodie se homines honorifice ludif-
*cant;*Sed quod obsequii dignationisque nec mo-
dicus nec prælargus, ita verba callide tempera-
ret,*ut facile crederes, cum plura factis reservare;*
Ex quo major & gravitatis ejus opinio,& dictorum
fides. In sermone porro requiritur, ut exquisito
judicio lingua utamur: Ut vox clara sit ac suavis,
sale ac facetiis condita, minimeq; pertinax oratio; quo quidem *Catulos* quondam *Romæ* inter
Oratores excelluisse *Cicero* memorat *Lib. 1.*
Offic. Sonus, *inquit*, erat dulcis, litteræ neque
expressæ, neque oppressæ, ne aut obscurum
esset, aut nimis putidum, sine contentione vox,
nec languens,nec canora.

§. 9. Tria autem hic fugienda sunt fere: Primo ne disceptationibus ac contentionibus dediti nimis simus, quod qui faciunt, insociabi-
les putantur, ipsaque consuetudine contradicen-
di autoritatem imminuunt. Intellexit hoc C.
Cassius, in cujus oratione quadam apud *Tac.*
14. Annal. c. 43. hæc verba leguntur: Quicquid
in nobis auctoritatis est,*crebris contradictionibus*
destru

deſtruendum non exiſtimabam, ut maneret integrum, ſi quando Reſpublica conſiliis eguiſſet.
Agricola quoque ne famam quidem, cui etiam
ſæpe boni indulgent, oſtentanda virtute aut
per artem quæſivit, procul ab æmulatione ad-
verſus Collegas, procul à contentione adver-
ſus Procuratores, & *ſincere inglorium*, *& atteri*
ſordidum arbitrabatur. *Idem in Agric. c. 9.* A
litibus igitur quantum licet abſtineamus, *mul-*
taque multis de jure noſtro concedere ne dubite-
mus, id quod non modo liberale, ſed interdum
etiam fructioſum putatur. Superbi illi, qui, ut
ita dicam, ex omni occaſione triumphum quæ-
runt, & ſententiæ quamvis parum probabili nimis pertinaciter adhærent. Familiare hoc
vitium adoleſcentibus eſſe *Plinius* conqueri-
tur *Lib. 8. Ep. 23.* Quotus quisque, *inquit*, vel æ-
tati alterius, vel autoritati ut minor cedit? Statim ſapiunt, ſtatim ſciunt omnia; neminem
verentur, imitantur neminem, atque ipſis ſibi exempla ſunt; Sed non Avitus; (hujus enim ibi
mortem deplorat) cujus hac præcipua prudentia, quod alios prudentiores arbitrabatur;
hæc præcipua eruditio, quod diſcere volebat.
Deinde providendum, ne ſermo vitium aliquod indicet ineſſe moribus, quod maxime
tum ſolet evenire, cum ſtudioſe de abſentibus
detrahendi cauſa, aut per ridiculum, aut ſeve-
re, maledice, contumelioſeque dicitur. *Cic. l.*
Offic. Quilibet enim eandem acerbitatem in-
ſe-

se timet, qua adversus alios quempiam ferri a-
nimadvertit. Denique hae moderatione semper utendum, ne tanquam in *possessionem lo-*
quendi venerimus, à sermone communi exclu-
damus alios ; neve vel hilaritatem interpelle-
mus austeritate, vel quod *Cato Ciceroni* objeci-
sse dicitur, jocosa seriis intempestive admisce-
mus.

§. 10. Longum foret eodem modo cuncta,
quæ huc pertinent, pertractare : In cumulum
autem congessit pleraque *Simo Terentianus*, qui
ita de Pamphilo suo prædicat *in Andria Act. 1.*
Scen. 1.

Sic vita erat : Facile omnes perfer-
re ac pati,
Cum quibus erat cunque una, iis
sese dedere,
Eorum obsequi studiis, adversus
nemini,
Nunquam præponens se aliis. Ita
facillime
Sine invidia invenias laudem, &
amicos pares.

Cæterum in hàc quoque conjunctione nosse ingenia oportet, si non omnium ; eorum certe,
qui circa nos sunt frequentiores ; & ut aquas
haut

haut cognitas, antequam nos iis committimus
tentare prius solemus; ita explorandi quoque
sunt animi mortalium, quorum abditi plerumque sunt sensus.   Alii enim ad iracundiam sunt
proniores; alios suspicio exstimulat, hi *graviter*
advertunt, qua non censeas: idem Heaut. 3. 3. 9.
Proinde exulcerandi non sunt: raro enim coa-
lescit iterum rupta semel amicitia.

  §. 11. Maxime vero in omni vitæ consortio
vitandi *morositas, jactantia, & prava æmulatio.*
Sunt, qui ad suum ingenium omnes exigunt,
& carpere amicos suos, judicium vocant immemores: æque multos esse, quos ea, quibus
ipsi ducuntur, mirificeque delectantur, partim
ut inepta, partim ut molestissim offendant;
Demus igitur alienis oblectationibus veniam, ut
nostris vicissim impetremus; Plin. Lib. 9. Ep. 17.
Hos autem quis ferat, qui omnium libidinum
servi sic aliorum vitiis irascuntur, quasi invideant, & acerrime traducunt, quos maxime imitantur? cum eos etiam, qui non indigent venia
ullius, nihil magis quam lenitas deceat, *nec*
quicquam facile sit, cui tam valde innocentia sua
placeat ut constare in conspectu clementiam pa-
ratam humanis erroribus gaudeat. Sen. 1. de Clem.
cap 1. Sed profecto pauci adhuc extitere, quorum virtutes nullo virorum consilio lædereen-
tur. Propterea cæteris ita ignoscamus, tanquam
ipsi quotidie peccemus, ita peccatis abstineamus,
tanquam nemini ignoscamus, ac nobis impli-
cabile

cabiles simus, *exorabiles istis etiam , qui dare ve-*
niam nisi sibi nesciunt. Plin. lib. 9. Ep. 19. Etenim
tunc præcipua mansuetudinis laus est , cum iræ
causa justissima est.

§. 12. Ad *jactantiam* venio, quæ gravis esse
æquissimis etiam auribus solet ; quanquam nihil æque multos cæteroquin haut improbos teneat , *quando etiam Sapientibus* (si *Tacito* credimus *l. 4. H. c. 6. Serf. 1.*) appetentia famæ & *cupido*
gloria nobissma exuitur. Omnes enim qui magnum aliquod memorandumque fecerunt, non
modo venia , verum etiam laude dignissimos
se judicant, si immortalitatem, quam meruere
sectantur , victurique nominis famam supremis
etiam titulis prorogare nituntur , tumque potissimum jactantiores se visum iri haut verentur,
cum de se aliorum judicia proferunt. *Plin. lib. 6.*
Ep. 23. Scilicet trahimur omnes laudis studio,
& optimus quique maxime gloria ducitur. Illi
ipsi Philosophi , etiam in illis libellis, quos de
contemnenda gloria scripserunt, nomen suum
inscribunt , & in eo ipso , in quo prædicatio-
nem nobilitatemque despiciunt , prædicari se
ac nominari volunt. *Cic. Orat. pro Arch.* Sed
ne hi quidem facile invidiam effugerint; nam
cum ipsi honestati , tum aliquanto magis gloriæ ejus prædicationique invidetur , atque ea
demum recte facta minus detorquent ac car-
punt homines , quæ in obscuritate & silentio
reponuntur; nimirum , postquam plerique face-

re laudanda desierunt, laudari quoque ineptum
putant. Hinc factum, ut, cum Aristides per
Ostracismum Athenis pelleretur, quidam in-
terrogatus, quare ipse etiam subscriberet? re-
sponderit: *Se ignorare Aristidem, sed sibi non pla-*
cere, quod tam cupide elaborasset, ut pater cæ-
teros justus appellaretur. Corn. Nep. in Vita Ari-
stid. c. 1. Quod si igitur aliena quoque laudes pa-
rum aquis auribus accipi solent, quam difficile est
obtinere, ne molesta videatur oratio de se aut de
suis differentis? Ii namque, qui benefacta sua verbis adornant, non ideo prædicare, quia fecerint,
sed ut prædicarent, fecisse creduntur; sic quod
magnificum referente alio fuisset, ipso, qui ges-
serat, recensente evanescit: Homines enim cum
rem destruere non possunt, jactationem ejus
incessunt; ita si silenda feceris, factum ipsum: si
laudanda, quod non sileas, ipse culparis *Plin.*
l. 1. Ep. 8. Prudens hac de re extat *Epicteti* consilium *in Enchirid. c. 53. In familiaribus, inquit,*
congressibus absit facinorum aut periculorum
suorum prolixa & immodica commemoratio: nec
enim ut tibi jucundum est tuorum certaminum
meminisse, sic & aliis suave est, ea, quæ tibi acci-
derunt, audire. Quocirca si offensas vitare volumus, linguam contineri oportet, ne nimii simus
commemorandis, quæ gessimus, utque tanta in
prædicando sit verecundia, quanta ex facto gloria speratur. Supervacua hic omnis præmatura
sollicitudo; memoria namque nostri durabit, si

vita

vita meruimus; nec unquam in tantum convalescet nequitia, nunquam sic contra virtutes conjurabitur, ut non invidi quoque ac inviti aliquando ingentibus meritis parem gratiam referant; certe *suum cuique decus posteritas rependet. Tac. 4. Annal. cap. 35. §. 3.*

§. 13. Haut minori incommodo obnoxium est *perversum illud æmulandi studium*, quo plerique mortalium quemquam ante juxtaque se æquo animo tolerare nesciunt. Nihil tam pronum ad simultates magisque benevolentiæ adversum, quam isthæc malignitas; Ea maxime nascitur ex *conjunctione*, alitur *æqualitate*, exardescit *invidia*, cujus finis est *odium*, *Plin. l. t neg. c. 84*, Neutiquam vero hoc loco indigitatur *honesta illa æmulatio*, quæ instigat animum, ut optima quæque ad imitandum sibi proponat, sed quæ cum ambitione conjuncta *premendo alium se super omnes efferre* instituit. Hanc in *Brutidio Nigro* ita depingit *Tacitus 3. Annal. c. 39.* Brutidium, *inquit*, artibus honestis copiosum, & si rectum iter pergeret, ad clarissima quæque iturum, festinatio exstimulabat, *dum æquales, dein superiores, postremo suasmet ipse spes anteire parat*; quod multos etiam bonos pessumdedit, qui spretis quæ tarda cum securitate, præmatura vel cum exitio properant. Hac animi impotentia affecti qui sunt, se ipsos ceu lenta quadam tabe conficiunt, dum successus aliorum prohibere conantur, ac præ livore omne studium

um amplificandæ fortunæ suæ vel abjiciunt,
vel frustra confumunt ; *non est* enim , *quod cre-*
das, quenquam fieri aliena infelicitate felicem.
Sen. Ep. 94. Avertendo itaque huic malo hæc fola fit inter *æquales* concertatio. *Se invicem ante-*
ponendo ; *Tac. in Agric. 6. 2.* beatiores quidem
qui funt , omni modo provideant , ne quam fu-
fpicionem contemptus cæteris præbeant ; hi
vero dolere non debent , fe ab aliis ingenio , divitiis, aliisque fortunæ dotibus fuperari ; utque
in unum aliquem haut quaquam collata funt o-
mnia , fic jure conqueri nemo poteft , quin fibi
quoque contigerit aliqua vitæ ftatio , quæ cum
forte ipfius conveniat , dummodo animum in-
tendat, ac femet ipfum haut deferat. Multum
paterea & fiduciæ adjicere , & folicitudinis de-
trahere poteft morum ac fortunæ in claris viris
recognita mutatio , five noftros ftatus , five
proximorum ingenia contemplemur. Nam
cum aliorum fortunas fpectando , ex conditione abjecta emerfiffe claritatem videamus , quid
oberit , quin & ipfi meliora de nobis femper
cogitemus? Memores: *ftultum esse, perpetua in-*
felicitatis fe præ damnare , fpemque , quæ etiam
incerta recte fovetur, interdum certam in defpe-
rationem convertere. *Valer. Max. libr. 6. Exempl.*
Memor. c. 9. pr.

§. 14. Tertius hominum ordo juxta diftri-
butionem, quam fupra fecimus, eft *inferiorum* ;
Ut enim linea confanguinitatis alia eft afcen-

den-

dentium, alia eorum, qui funt ex latere, alia
vero defcendentium; Sic triplici hac ferie u-
niverfum genus humanum quodammodo co-
hæret. Porro, ficuti quos fupra conditionem
noftram fortuna publica evexit, *obfequio ac re-*
ferentia: quos juxta nos conftituit, *æquabilita-*
te conciliandos diximus; ita poftremi illi *beni-*
gnitate quam optime alliciuntur, ut ad utilitates noftras ftudia ipforum inclinent. Et quoniam de *animi moderatione affabilitateque fer-*
monis, queis multitudinis quoque amor vehementer commovetur, abunde jam dictum, ad
alia nunc progrediemur. Rerum autem omnium
nec aptius eft quicquam ad opes tuendas, quam
diligi nec alienius, quam *timeri:* Malus enim eft
euftos diuturnitatis metus, contraque benevolentia fidelis eft vel ad perpetuitatem. *Cic. 2.*
de Offic. Male vim fuam poteftas aliorum contumeliis experitur: male terrore veneratio acquiritur: longeque valentior eft amor ad obti-
nendum quod velis, quam timor; nam timor
abit, fi recedas; manet amor, ac fic, ut ille in
odium, hic in reverentiam vertatur. *Plin. l. 8.*
Ep. ult. Et veriffime *Ennius: Quem metuunt,*
oderunt; quem quisque odit, periffe expetit. Denique qui fe metui volunt, à quibus metuun-
tur, eosdem metuant ipfi neceffe eft *Cic. ibid.*
Verum enim vero quæ foret hæc vita? aut potius, quanta hæc foret miferia? Non mille perire melius, quam in fua civitate fine armatorum
præ-

præsidio non posse vivere? *Idem Philip. 2. in fin.*
Non sibi vitam tanti, si armis regenda foret,
ipse *Tiberius* fatetur apud *Tacitum 6. Ann. 2.*
& *Darius:* Sero se perire, si salvum esse sui milites nollent. *Curt. L. 5. c. 11. Scipio* autem Africa-
nus: Equidem, *inquit,* si totum exercitum
meum mortem mihi optasse crederem, hic statim ante oculos vestros morerer, nec me vita
juvaret invisa civibus & militibus meis. *Lib. l.*
28. c. 27. Itaque charitate & benevolentia civium septum oportet esse, non armis: nullum
fere est isthoc præsidium; *hæc arx inaccessa, hoc*
inexpugnabile munimentum est, munimento non
egere. Plin. in Paneg. cap. 46.

§. 15. Apparet igitur, quam utilis, imo necessaria sit etiam eorum, qui infra nos sunt, pro-
pensio; nam ab eo, quod placeas hominibus, a-
ctionum fere efficacia est. Eam parari *benigni-*
tate diximus, id est, humanitate, idulgentia,
ac beneficentia; quanquam de hac cum latius
se extendat, paulo inferius. Hac via *Titus Ve-*
spasianus adeptus est, ut *amor ac deliciæ generis*
humani vocaretur. *Sueton. in Tito, in pr.* cer-
tantibus in eum quoad vixit omnium studiis;
quanquam non temere quis tam adverso rumore magisque invitis omnibus transierit ad Principatum, suspectis in eo, præter sævitiam, lu-
xuria quoque, libidine ac rapacitate, ut pro-
palam *alium Neronem* & opinarentur, & prædicarent; quæ tamen ipsi fama pro bono cessit,
con-

conversáque est in maximas laudes, neque ullo
vitio reperto,&contra virtutibus summis. *Suet.*
ibid. c. 6. & 7. Idem cum sub Patris *Vespasiani*
auspiciis adhuc militaret, comitate ac alloquiis
officia provocavit, plerumque in opere, in a-
gmine, gregario militi mixtus, incorrupto tamen Ducis honore. *Tac. 5. H. 1.* Quæ ipsa *A-*
lexandri quoque militibus gratissima fuerunt,
videlicet, *Exercitatio corporis inter ipsos, cultu*
habitusque paululum à privato abhorrens. Curt.
l. 3. c. 6. Nec *Augusti* diversa in his fuit sententia,
quid civile rebatur misceri voluptatibus vulgi.
Tac. 1. Annal. 54. Has quoque virtutes inter præcipua *Trajani* sui Encomia *Plinius* refert *in Pa-*
neg. c. 21. Nomen, *inquit,* illud, quod alii statim
primo Principatus diē ut Imperatoris & Cæsaris
receperunt, tu usque eo distulisti, donec tu
quoque, beneficiorum tuorum parcissimus æ-
stimator, jam te mereri fatereris. Itaque soli o-
mnium contigit tibi, ut Pater Patriæ esses, antequam fieres; Eras enim in animis, in judi-
ciis nostris: nec publicæ pietatis intereat, qua
vocarere, nisi quod ingrata videbatur, si te Im-
peratorem potius vocaret & Cæsarem, cum Patrem experiretur; quod quidem nomen qua
benignitate, qua indulgentia exerces! Ut cum
civibus tuis quasi cum liberis parens vivis! par
omnibus, & hoc tantum cæteris major, quo melior. Videlicet; Cui nihil ad augendum fastigium superest, hic uno modo crescere potest,

F   si se

si se ipse submittat , securus magnitudinis sua,
Ibid. c. 71. In universo autem ex Senecæ præ-
cepto *Ep. 47. sic cum inferiore vivas , quemadmodum tecum superiorem velles vivere.*

§. 16 In *privata* quoque *Familia* ordinanda
haut expedit reverentiam sola severitate tue-
ri , quippe quæ assiduitate perdit auctoritatem ,
& nostri rerumque nostrarum parum studiosos
efficit. Proinde videndum , ne vel facilitas
auctoritatem , vel amorem rigor diminuat;
semperque *malimus invenisse bonos, quam fecisse,*
contenti, *omnia scire, non omnia exequi. Tac. in
Agr.* Grave est enim conscientias hominum ir-
ritare, qui si latere se putent, facile mutantur in
melius; sin deprehensos se sentiant, malum
malo pellunt. *Franc. Baco de Augm. Scient. c. 2.
Lamb. 4. Proprium quippe humani ingenii est, o-
disse quem laseris. Tac. in Agric.* Ac licet ab
se quidem non sit, quod *mitium Dominorum a-
pud servos ipsa consuetudine metus exolescat.
Plin. L. 1. Ep. 4.* amissa tamen ob sævitiam charitate, mille pœnarum indagine prohiberi nequeunt fraudes, interdum etiam cædes, à Familia
perpetratæ. Ita Romæ ex veteri more, si quis à
servis suis interfectus esset, omnem Familiam,
quæ sub eodem tecto mansisset, ad mortem agi
oportebat. *Tac. 14. c. 42.* Id imperante Nerone exasperatum, ut ii quoque, qui Testamen-
to manumissi, inter servos supplicia penderent.
Idem 13. Annal. c. 32. quo ultioni justa ac
secu-

securitati provisum videbatur ; Verum haut
multo post Præfectum Urbis *Pedanium Secun-*
dum servus ipsius interfecit. *Idem 14. Ann. 42.*
Et licet ob hoc flagitium, quod Dominum haut
protexissent , quadringenti alii ex Scto cruci-
dati essent , ea tamen severitas nequidquam ob-
stitit , quo minus mox sub *Trajano* Cæsare *Lar-*
gius Macedo vir Prætorius eodem scelere peri-
meretur. *Plin. l, 3. Ep. 14.* Rara hic modera-
tio, *domumque suam coercere plerisque haut mi-*
nus arduum est, quam Provinciam regere. Ibid. c.
19. ac insignes sæpe viri partam in publico gloriam domi perdiderunt , vel dum occupati sunt
nimis , vel assiduitatis fastidio domesticos ne-
gligunt, qui quidem optime in officio contine-
tur , si intelligant , & fidem ipsis haberi , & in-
dustriæ ac probitatis ipsorum testes ac remune-
ratores nos esse.

§. 17. Idem de *sanguine conjunctis* judicium,
quos pietate ac benevolentia prosequi utile ac
honorificum , odisse vero ac infectari cum damno & dedecore conjunctum. *Acerrima* insuper *serme proximorum sunt odia. Tac. 1. H. c. 70.*
vers. 4. ac veluti si lignum frangas , raro fideliter denuo coeunt eorum animi , qui semel dis-
sidere cœperunt. Ea de re *Titi* monitum mi-
tissimæ ejus naturæ conveniens , quo Patrem
Vespasianum precabatur , ut se filio *Domiciano*
placabilem præstaret , in hanc sententiam apud
Tac. legitur lib. 4. H. c. 52. Non legiones, non clas-

ses perinde firma imperii munimenta, quam nu merum liberorum; nam amicos tempore, fortu nâ, cupidinibus aliquando aut erroribus immi nui, transferri, desinere: Suum cuiq sanguinem indiscretum, sed maxime Principibus, quorum prosperis & alii fruantur, adversa ad junctissi mos pertineant. Nec inter posthumas *Pomponi; Attiti* laudes postremum obtinet locum, quod is in funere matris suæ vere gloriari potuit: *Se nunquam cum ea in gratiam rediisse; nunquam cum sorore fuisse in simultate;* quod est signum, aut nullam unquam inter eos querimoniam intercessisse, aut hunc ea fuisse in suos indul gentia, *ut quos amare debuerat, irasci eis nefas duceret, Corn. Nep. in vita ejus cap. 18*

CAPUT III.

§. I.

Transeo ad contemplationem *virtutum illa rum,* quæ animi mansuetudinem ac facili tatem præ se ferunt. Qua tamen in parte prope reliquum est nihil, quam ut de *beneficen tia ac liberalitate* dicamus: quæ enim præterea huc pertinent, superius jam sunt tradita, nec alie no, ut arbitror, loco; Etenim esse *modestum, lenem, beneficum,* non minus *morum conversa tionisq; temperamentum* concernit, quam face re ad hoc tertium nostræ Dissertationis mem brum videri possit. Itaque sicut illustribus exem plis dictisque *priora* illa deduximus, pari ratio e
eidem

eidem viæ infiftentibus de exercitiō harum quoque virtutum addere quædam animus eft. Duós
autem acquirendarum virtutum moralium effe
modos, *meditationem* videlicet ac *exercitium*, ita
Silhon eleganter exprimit *au me fine lieu Difc. 4.*
La Prudence, dit-il, *& les autres Bertus Morales*
& Politiques ne naiffent point abec nous & ne
Biennent pas d'elles mefmes. Il les faut acquerir
abec la Mediation & l'Exercice, & par confe-
quent abec le temps & des annees. Et bien que
nous in ayons les principes dans l'ame, & les fe-
mences en noftre raifon, elles demeurent fteriles,
fi elles ne font cultibees. Et fi nous ne prenens de
la peine à les conferber, illes s'eftouffent dans les
femences du mal, qui font en nos fens, & on la
corruption de noftre nature.

§. 2. Proinde exemplo *Attici,* quem paulo
ante laudavimus, *ita, Principum Philofophorum*
præcepta habeamus percepta, ut illis ad bitam a-
gendam, nan ad oftentionem utamur. Corn. Nep.
ibid. Berf. 3. Plerique ex hoc genere, *uti Secundus*
Carinas apud Tac. 15. c. 45. Berf. 3. Græca doctri-
na oretenus funt exerciti, animum bonis artibus
non imbuunt ; ut facete non minus quam appo-
fite in Relationibus fuis ex Parnaffo *Cent. 1. Rel.*
97. Boccalinus confinxerit : Cum aliquando Mo-
mi feneftram in omnibus pectoribus aperiri A-
pollo juffiffet, & vero, ne ex improvifo improbitas quorundam detegeretur, cunctis prius
purgationem penetralium cordis permifif-

set, animadverfum è curiofis : *Per plateam Phi-*
lofophis Platonicis. Peripateticis ac cæteris Mora-
libus habitatam , toto illo octiduo , quod huic rei
indultum erat, non alium fuiſſe fœtorem , ac ſi o-
mnes per Urbem Cloacæ egererentur. Etſi igitur
opinione quoque & fáma, ac ſpeciebus virtutum
ſimilibus animi commoventur, tamen , ut ante,
diximus , ejusmodi fuco quæſitus color haut di-
uturnus eſſe ſolet. Cui conſequens eſſe reor,
quod illis virtutibus plurimum credatur, quæ ex
facto plurimum conſtant, nec verbis magnifice,
opera ac re ipſa inanes ſunt. Talem cum eſſe,
beneficentiam ipſum vocabulum ejus ſatis indi-
gitet, dubium eſſe non poteſt, quin hac validiſſi-
me obſtringatur , quæ eſt ad tranquille beateque
vivendum aptiſſima, *charitas;* adeo ut, etiamſi res
forte non ſuppetat, voluntas tamen benefica benevolentiam ſæpe conciliet. Sæpe etiam parvis
rebus opportunitas pretium addit ; quemadmodum *Antverpiæ* deditionem *Alexandro Farneſe*
BelgiiPræfecto, exigua ipſius munificentia matu-
raſſe creditur; Ita autem ſe res habuit : *Matrona*
Nobili ad curationem morbi , *quo periculoſe la-*
borabat, opus erat aſinino lacte , *quod in urbe ha-*
beri cum nunquam poſſet , *obtulit ſe juvenis in-*
trepide aſinutae ex agro Suburbano , *quamvis ab*
hoſtibus teneretur jumentum adducere , *ducebatq́;*
quum captus ab Hiſpanis ad Alexandrum de-
portatus eſt. Alexander, re uti erat, audita poſtquā
juvenem præter opinionem benigne habuit,
               ac

ac pietatem ejus ultro laudabit , juſſit illico ju-
mentum perdicibus capiſque Brugenſibus atque
id genus aſibus onerari. Tum ea juſſeni tradens
ad ægrotam perferenda mendaſit : multam ei ſa-
lutem officioſè ſuo nomine diceret, teſtareturque :
Se non modo illi ſanitatis ac ſirium recuperatio-
nem , ſed Senaſui populoque univerſa proſpera o-
mnia & ſalutaria ex animo cupere ac precari.
Quæ inſperata comitas incredibilem ei ciſium be-
neſolentiam concilliaſit , ut breſi poſt certis con-
ditionibus ejus ſeſe arbitrio permitterent. Fam.
Strada de Bello Belg. Dec. 1. lib. 7.

§. 3. In juvandis autem hominibus aut *mores*
ipſorum aut *fortuna* ſpectari ſolet ; ubi honeſta
quidem eſt omnium oratio: Se in collocandis
beneficiis mores hominum non fortunam ſe-
qui. *Sed quis eſt tandem, inquit Cic. 2. Offic. qui*
inopis & optimi ſiri cauſa non anteponat in opera
danda gratiam fortunati & potentis? A quo e-
nim expeditior & celerior remuneratio fore ſide-
tur , in eum fere eſt ſoluntas noſtra propenſior.
Ego vero *cum eodem* melius apud bonos , quam
apud fortunatos beneficium collocari puto ; Hi
enim ex debito fieri , quicquid in eos confertur,
cenſent, vel etiam à ſe viciſſim aut poſtulari , aut
expectari aliquid ſuſpicantur, dumque, ut jam
dictum , obligari nolunt, eximiis ſæpe meritis
odium ac offenſionem reponunt. At vero illa
tenuis, cum quicquid factum ſit , ſe ſpectatum
non fortunam putet, non modo illi , qui eſt ma-

ritus, sed etiam illis à quibus expectat (eget enim
multis) gratum se videri studet , neque verbis auget munus suum , si quo forte fungitur,
sed etiam extenuat. Videndum quoque illud est,
quod si opulentam fortunarumque adjuveris, in
illo uno aut forte in liberis ejus manet gratia;
Sin autem inopem, probum tamen & modestum,
omnes non improbi humiles (quæ magna in
populo multitudo est) præsidium sibi paratum,
vident. Danda autem omnino est opera, ut omni
generi satisfacere possimus; Sed si res in conten-
tionem veniet, nimirum Themistocles est auctor adhibendus, qui cum consuleretur: *Utrum*
bono viro pauperi, an minus probato diviti filiam
collocaret? Ego vero, inquit, malo virum , qui pe-
cunia egeat, quam pecuniam, qua viro. Quod si
opulentior etiam bonus vir est , ne impediant
divitiæ, quo minus juvetur, modo ne adjuvent,
sitque omne judicium, non quam locuples , sed
qualis quisque sit. Cic. 2. Offic. Atque sic anima-
tos esse oportet tum erga *singulos* , tum *universos*
ipsamque adeo *Rempublicam*; Ita tamen singulis
consulamus, ut ea res prosit, aut certe non ob-
sit Reipublicæ. *Peregrinos* vero , etiamsi in multis jura civitatis excludunt , admittit tamen humanitas, sanctaq; & inviolabilia sunt semper penes cultores populos *jura hospitii* , quæ in dissi-
dio quoque publicorum foederum sunt , qui ser-
vanda putent. Ita enim *Titus Quintius Crispinus*
Romanus, Bollio Campano, ad singulare certamen
ipsum

ipsum provocanti respondit: Neoptolemi illud
stes deesse, in quibus virtutem ostendat: Se ab
eo, etiamsi acie occurrat, declinaturum, ne hospi-
tali cæde dextram violet. Æger enim *Badius* Romæ apud *Crispinum* ante defectionem Campa-
nam liberaliter comiterq; curatus fuerat. *Lib. 8.*
c. 18. Est *hoc decorum, patere domos hominum illu-*
strium illustribus hospitibus; est ornamenta Reipu-
blicæ ac vehementer utile, per hospites apud ex-
ternos populos valere opibus & gratia. Cic. ibid.

§. 4. In toto autem hoc genere habenda est
rei familiaris ratio, *quam dilabi sinere. Cic. ibid.*
flagitiosum vocat. Multi sane *studio magnificen-*
tiæ probabuntur, ut *Romæ ante Tacitum 9, Ann. c.*
55 dites olim familiæ nobilium aut claritudine
insignes, dum plebem, socios, regna colere & coli
adhuc licitum, & ut quisque opibus, domo, ornatu,
speciosus; per nomen & clientelas illustrior habe-
batur. Patrimonio enim se ipsos *quispoliant,*
paulatim etiam favore hominum excidunt, aut
in animis ipsorum speciem magis quam nitidi
pristini affectus retinent; idque, *qui dat satiso ca-*
pit, aut illos cum omnia tribuerunt, aut hos, qui
jam nihil reliquum est, quod cupiant. Idem 3.
Ann. c. 30. Verf. 7. Quisquis igitur in pretio haberi semper desiderat, hunc ita operam suam
collocare necesse est, ne inutilis se in posterum
reddat sed ut perpetuo ejus indigeant homines,
eoque frui possint; *Bocc. Cons. 2. Relat. 14.* Etenim plerorumq; animi arctius tenentur benefi-

no vel uno accipiendo, quam acceptis multis, quibus nonnulli ceu floribus utuntur, tam diu gratis, dum adhuc sunt recentes.

§. 5. Deinceps eorum quoque iniquitas est coercenda, qui cum multa acceperint, injuriæ loco ducunt, plura adhuc accipere potuisse, penes quos ita comparatum est, ut, quicquid infra votum venit, beneficii nomen amittat: imo, _ut antiquiora beneficia subvertas, nisi illa posterioribus cumules; nam quamlibet sæpe obligatus si quid unum neges, hoc solum meminerunt, quod negatum est. Plin. lib. 3. Ep. 4._ Arte nimirum hic opus est, qua _scite negemus_, ne repulsa temere quenquam offendamus. Hanc prudenti Principi tam necessariam _Henricus Cajetanus Cardinalis_ adseveravit, ut _regnandi imperium adsereret, qui negare nesciat. Boter. in Apopht. P. 1. cap. 1. tit. 11. Forstn. in Not. ad Tac. lib. 11. Ann. cap 25. & lib. 11. c. 46._

§. 6. Ut igitur pleraque re aspera verbis molliuntur ita hic quoque ejusmodi delinimento locus est; quod fit, vel _excusatione_, quare id quod feceris necesse fuerit, nec aliter facere potueris; vel _sola urbanitate blandi sermonis_; quale est illud _Plinii lib. 7. Ep. 14. ad Corelliam: Indicem ego & rogo & exigo, ut non solum quid te, verum etiam quid medeceat, aspicias patiarisque me in hoc uno tibi eodem animo repugnare, quo in omnibus obsequi soleo._ Quibusdam placuit in alienum arbitrium rejicere, quæ ipsi concedere nolebant;

bant ; tale refponſum Pannonicæ legiones tu-
multuoſe multa poſt exceſſum *Auguſti* flagitan-
tes à *Tiberio* tulerunt ; *Præcipuam ipſi fortiſſima-*
rum legionum curam , quibuscum plurima bella
tolerabiſſet : ubi primum à luctu requieſſet ani-
mus, acturum apud Patres de poſtulatis eorum :
miſiſſe interim filium (Druſum) *ut fine cunctatio-*
ne concederet, quæ ſtatim tribui poſſent ; cætera
Senatui ſervanda, quem neq; gratia neq; ſeberita-
tis expertem haberi par eſſet. Tac. 1. Ann. c. 25. Idem
Henricus IV. Galliæ Rex deprecantibus pro capite
Bironii amicis reſpondit, *ac juvare periclitantem*
in Senatu juſſit. Thuan. Libr. Hiſtor. 128.

§. 7. Porro alii , quæ petuntur , velle ſe ſi-
mulant , at mox ingratas ac difficiles conditiones proponendo negotium eludunt. Sic non
ita pridem ab ingenti promiſſo non nemo ſe
exſolviſſe dicitur , addito : *Fidem datam adim-*
pletum iri , fi in quorum gratiam id fieret ; haud
quicquam amplius petituri eſſent. Et in Gallia
Henricus III. cum à Confœderatis coactus Edi-
cta in Proteſtantium gratiam facta invitus re-
ſcidiſſet , ardorem in id bellum Catholicorum
ſiſtendum ratus gravitatem ſumptuum eunctis
Ordinibus propoſuit, convocatisq; in Luparam
aliquot Proceribus, ad *Achillem Harlæum* Senatus
Præſidem converſus : *Laudo*, inquit, *tuam, laudo*
Collegarum tuorum pietatem , qui & conſilium de
revocando Edicto comprobarunt, & ad Religionis
cauſam conſtituendam tam fortiter vos hortá-

ti sunt; sed belim sciant, bellum sine pecunia geri
non posse, & clausas mihi aures ad illarum quere-
las fore, cum de Honorariis suis, quamdiu bellum
durabit, suppressis, apud me expostulabunt. I-
gitur tu Mercatorum Præfecte, (fuit tum tempo-
ris Nicolaus Hector Perusius) civibus renuncia-
runt Lætitiam in revocatione Edicti testati
sunt, opus esse mihi adhoc bellum ducentis aurea-
rum millibus, quæ ab ipsis exigi volo : nam initis
rationibus in singulos menses belli sumptus ad
quadringenta aureorum millia excurrere com-
peri. Tum subirato vultu ad Ludovicum Cardi-
nalem Guisium conversa, Oratione : *In primum,*
Inquit, mensem curabi, ut mea & privatorum
pecunia stipendia procederent; tuum est videre,
ut in cæteros, quotquot erunt, menses ex sacro
patrimonio pecunia subministretur, Sacro Ordine
præcipuo impulsore hoc sanctum bellum susceptum
est: Sacri belli sumptus Sacer Ordo luat Thuan.
Libr. Histor. 81. Par frustrandi desideria ratio est,
ad aliam spem trahere iniqua aut intuta precan-
tes, & alia quam quæ petuntur offerre. Interdum
etiam expedit, negare aut protrahere admissio-
nem eorum, quos ingrata nobis & effectu difficilia postulaturos conjicimus. Omnium tamen notissima recusare volentium ars est, rem
distulisse, quæ sine periculo negari non potest.
Forstn. in Not. ad Tac. l. 12. Annal. cap 46.

§. 8. Sed quoniam hæc adversutiam callidi-
tatemque inclinant, non nisi necessitate urgen-

te utendum iis reor , præcipue si cum honesto
viro alicui negotium intercedat ; Cui quidem
candide id quod res est , haut tamen incivili-
ter, aperuisse satius erit.   Neque enim nisi ini-
quissimus esse velit, irasci poterit , si quod cum
periculo damnove vel suo vel alieno conjunctum sit, haut semper obtineat. Quidam enim ea
efflagitare non raro solent , quæ tanquam noxia
paulo post ipsi repudiant.   Quod cum advertis-
set. *Plinius* in *Octavio Rufo* ; ita eidem rescripsit :
Tenebo hoc temperamentum, ut ex duobus, quorum
alterutrum petis, eligam id potius, in quo non so-
lum studio tuo, verum etiam judicio satisfaciam.
Neque enim tantopere mihi considerandum est,
quid vir optimus in præsentia velis , quam quid
semper sit probaturus Lib. 1. Ep. 7.

§. 9. Sæpe etiam ipsimet beneficii quamvis
amplissimi gratiam obscuramus, dum, quia fructus exinde spe immatura præconceptos haut
statim capimus , vel ingratitudinem aliis exprobrare , vel quæ benefecimus importune ob-
jectare solemus.   Ut non abs re vir acutissimi
ingenii *Boccalinus Cent. 1. Relat. 9.* adfirmet :
Beneficentiæ studium non nisi magnanimæ
indolis esse, cui grave non sit plurimorum beneficiorum jacturam fecisse , utpote quæ abunde compensetur , si post multa incassum aut male impensa saltem unum aliquod bene colloce-
tur.   Avaris autem hominibus spargendo huic
semini animum haut suppetere , quoniam ante-

quam ferant , ftulta cogitatione jam meffem.
præcipiant. *Odiofum fane genus hominum officia*
exprobrantium ; qua meminiffe debet is, in quem
collata funt, non commemorare, qui contulit. Cic.
de Amic. Neque paritas officiorum femper eri-
genda , aut exigue nimis & exiliter ad calculos
res vocanda, aut par fit ratio acceptorum & da-
torum. *Perit enim gratia fi repofcatur. Plin. lib.*
1. Ep. 13. Verum hæc! *beneficii inter duos lex eft :*
Alter ftatim oblivifci debet dati , alter accepti
nunquam. Lacerat animum ac premit frequens
meritorum commemoratio. Seneca de Benefic.
libr. 2.c. 10. Equidem haut diffiteor, moleftiffi-
mum effe, non modo fructum nullum ob benefacta fentire, fed & malo fæpe affici ; Quemadmodum *Thuanus libr. H.94.* fatale hoc Galliæ Re-
gi *Henrico III.* & in ejus fortuna prorfus miferan-
dum fuiffe, obfervatum meminit, quod, cum ingentibus beneficiis plerosque affeciffet, ii tamen
beneficiorum immemores in adverfa fortuna.
aut ipfum turpiter deferuerint , aut etiam beneficium maleficio rependerint. Id vel exinde
patet, quod, cum five vitæ inftitutione, five
natura ita affectus fuerit erga Monachorum.
Ordines , ut horum afpectu toto animo gefti-
ret & gaudio exfiliret , ac hujusmodi hominibus quovis loco, quavis hora ad Regem aditus
pateret, à *Jacobo* tamen *Clemente Dominicano,*
cultro per imum ventrem adacto , immani fce-
lere occifus eft. *Idem libr. 96.* Cæterum a nimia

mia commemoratione oportet abftineas , nifi
ipfe deftruere ubique velis vim *beneficentia' tua*
quam ut *jucundiorem debitor gratus , ita clario-*
rem ingratus facit.Plin. inPaneg. cap 4).Optime
autem pulcerrimæ rei frúctus ex confcientia
petitur;licet enim *omnia benefacta in luce fe col-*
locari Belint,nullum tamen Birtuti theatrum con-
fcientia majus eft. Cic. 2. Tufcul. Quaft. in fin.

§. 10. Magnam *beneficentia* partem conftituit *liberalitas* , nifi quod hæc ut plurimum largi-
tionibus exercetur, illa infuper operam facto
voce, confilio exhibendam complectitur; Itaque etiam natura fua anguftioribus limitibus
circumfcribitur, ne vel *immodice* largiamur, vel
paffim omnibus. Ambitio, & jactantia,& effufio,
& quidBis potius , quam liberalitas exiftimanda
eft cui ratio non conftat. Plin. in Paneg. cap. 38.
Quocirca ita temperanda eft , ne nimia profufio-
ne inarefcat. Idem libr.2.Ep. 4. nec impetu ad illam fed confilio trahamur; *Subita enim largitio-*
nis comes eft pænitentia. Idem lib. 1.Ep.8. Quamobrem nec ita claudenda eft res familiaris , ut
eam benignitas aperire non poffit; nec ita refe-
randa, ut pateat omnibus. Modus adhibeatur,
isque referatur ad facultates : multi enim patri-
monia effundunt, inconfulte largiendo; atque
ita fonte ipfo benignitatis exhaufto rapinæ fequuntur , quippe *qui dando egere cœperunt alie-*
*nis bonis manus afferre coguntur Cic. 2.Offic.*Quidam etiam exemplo *Matiani* apud *Tacitum lib.*
e H.

2. H. c. 84. §. 5. largiuntur privatim, quod abijdim de Republica sumunt, ac postquam ærarium ambitione exhauserunt, per scelera supplendum curant. Id. 2 Annal, c. 36. Atqui ea demum accipientibus grata sunt munera, cum dari sibi sciunt, quod memini est ereptum. Plin. in Paneg. c. 27. Præstat igitur, nihil aliquem largiri, dum nihil auferat, quam aliis donare, quod aliis ea ablatum, famamque liberalitatis avaritia petere. Qui vero ita benefici esse volunt, non tanta studia assequuntur eorum quibus dederunt, quanta odia eorum quibus ademerunt Cic. 1. Offic. Nam cui res erepta est fit inimicus, cui data, etiam dissimulat, se accipere voluisse Cic. 1. Offic. Huc accedit, quod si promiscue omnibus largiti fuerimus, sæpe incidamus in eos; qui deteriores accipiendo fiant, & ad idem semper expectandum parati; id quod in expeditionibus bellicis multis exitio fuit. Ideoque Alexandrum filium Philippus graviter increpuit, quod largitione benevolentiam Macedonum consectaretur. Quæ te malum, inquit, ratio in istam spem induxit, ut hos tibi fideles putares fore, quos pecunia corrupisset? An tu id agis, ut Macedones non te Regem suum, sed ministrum & præbitorem putent? Cic. 2. Offic. Et Tacitus 2. H. c. 82. Donativa, inquit, militi neque Mutianus prima concione nisi modice ostendit, ne togeque hoc asianus quidem plus civili bello obtulit, quam aliis in pace; egregie firmus adversus militarem largitionem, eoque exercitu meliore.

§. II.

§. 11. Quoties igitur benevolentiæ causa conferre præmia habet, ante omnia patriæ subveniendum, postea propinquis, adfinibus, maxime idoneis ac indigentibus; non ut isti, qui iis potissimum donant, qui donare maxime possunt, quos *fiscatis hamatisque muneribus non sua promere, sed aliena corripere* eleganter *Plinius* dicit *libr. 9. Ep. 30.* Porro etiam atque etiam videndum, ne specie liberalitatis imponat prodigalitas; prodigi enim sunt, qui epulis & viscerationibus, superbis ædificiis, ludorum item venationumque immodico sumptu & apparatu, pecunias profundunt in eas res, quarum memoriam aut brevem aut omnino nullam sint relicturi; Liberales autem, qui suis facultatibus aut captivos redimunt, aut æs alienum suscipiunt amicorum causa, aut in filiarum collocatione adjuvant, aut opitulantur vel in re quærenda, vel augenda, *Cic. 2. Offic.*

§. 12. Nec eorum stolidæ vanitati nos attemperemus, qui dum alios superare conantur, æmula ambitione plura donant, quam par est, aut res ipsorum familiaris patitur; digni qui utroque non sine contemptu irrideantur, cum & impotentiam animi prodant, & quod largiantur, non in gratiam accipientis, sed obsrectatione adversus alium obtigisse credatur. Æque noxia malignitas est, licet à nonnullis inter *arcana imperii* referatur, adeo benigne habere, ac præmiis nonnullos afficere, quo suspecti

ac

ac invifi reddantur aliis ,   qui gratiæ hujus ex-
pertes interim nullo fuo merito |prætereuntur ;
nam & illis ,   præprimis. fi quid agatur intelligant , pretium fervitutis ingratum eft , & horum erga competitores invidia tandem in odium definit adverfus injuriæ, ut putant , authorem.   Hoc infelici confilio aliquoties ufus
dicitur Rex Hifpaniæ *Philippus II.* ratus ifthoc
artificio poffe diffolvi inter Belgii Proceres ani-
morum confenfum , efficique , ut | inter ipfos
fufpicio atque abalienatio fuboriretur.   *Et fane*
proceffit aliquantifper hic cuniculus , naturoque
male cohærentes aliquorum animi cœpere , par-
tim metu ne ab aliis defererentur partim fpe,
quod fe præcipue appellatos à Rege honoratosque
videbant , partim etiam offenfione aliorum, qui-
bus fe fufpectos atque invifos hant obfcure colige-
re poterant. Strada de Bello Belgico Dec. 1. Lib. 3.
fin & l. 5. ibid. Veruntamen exitu mox compro-
batum eft, ejus demum beneficii gratiam veram
effe atque perpetuam, cujus neque dantem pude-
re neque accipientem pœnitere unquam poteft.

CAP. IV.

§. I.

ATque hæc fufficere poterant videri *concili-*
andis hominum animis , ut ftudiis ipforum
utilitates noftas honefte promoveremus. Cæterum
cum mecum perpenderem, quam exiguis ac le-
vibus momentis eorum voluntates circuma-
gantur

gantur, alio insuper firmamento stabilitatis rem
indigere compertus sum, quo necessitas aliqua
cunctis inferatur, ut ob virtutes nos non dili-
gant solum, sed & suspiciant, & cum admiratione quadam subvereantur. Favor enim, multitudinis praesertim acres quidem ac vehementes
primos impetus habet, sed paulatim remittit,
ac tempore ipso subsidet; quod si vero ad benevolentiam opinio quoque excellentis ingenii,
indeque honoris ac gloriae confirmatio arcesse-
rit, enimvero tunc effici reor, ut charitas ac veneratio se invicem mutuo sustineant, & pulcer-
rima hae mixtura sibi ipsis addant perpetuitatem. - Ut autem cum admiratione quadam honore nos dignos omnes judicent, adipisci non
aliter possumus, quam illa *in actionibus nostris
singulari dexteritate*, qua caeteros anteire, &
omni dedecore nos carere probemus.

§. 2. Magnam vim esse in *fortuna* hac etiam
in parte haut equidem inficior, cujus cum statu prospero utimur, ad exitus provehimur o-
ptatos; eadem cum reflavit, successu prorsus
omni destituimur; quae res famam existima-
tionemque de nobis hominum fere sola consti-
tuit; Eventus enim licet saepe sint fortuiti, inde tamen magnos viros aestimari aeterno cum
virtutis praejudicio plerisque moris est. Ast cum
infelices pariter ac imprudentes causas miseriae
& effectus errorum suorum eidem attribuere
soleant, mihi quid sentiam paucis exponen-
dum

dum; ac quid applicatione fortunæ intelligam,
Gallici Scriptoris sententia & verbis eloqui liceat; nimirum: *Ce que Dieu adiouste aux princi-*
pes, qui sont en nous; les occasions, qu'il nous fait
naistre; les moyens, qu'il nous suscite; les obsta-
cles, qu'il rompt ou destourne en nostre faveur;
bref, toute l'assistance, qu'il nous donne, pour fai-
re reüssir nos desirs, est ce que nous appellons Bon-
heur, & ceux, qui le reçoivent, Heureux. Silhon
au mesme Traicté Lib.1.Disc.1. Isthoc sensu quin
hæc sit maximum nostræ elicitatis fundamen-
tum, nemo facile negaverit. *Mais ce Bon-heur*
(ita porro idem philosophatur) n'accompage pas
tousjours la justice ni les entreprises sainctes,
comme Dieu ne s'appose pas tous-jours aux inju-
stes & aux desseins violens. La raison de ceste di-
versité est, que Dieu ne fait pas tousjours des mi-
racles & ne trouble point l'Ordre des Choses pour
l'amour des gens de bien. Et comme il est fort
raisonnable, que, pour exciter leur courage & con-
firmer leurs esperances, il accoure quelquefois si-
siblement à leur secours; il est aussi tres conforme
aux loix de sa providence, & à la douceur de sa
conduite, qu'il laisse agir pour l'ordinaire les
causes secondes, selon leur capacité & l'ostenduë
de leur force, & partant que selon cela le foible
cede au plus puissant; qu'une moindre vertu (j'en-
tens Politiq) obeisse à la plus grande, & que ceux,
qui ont de notables avantages, ayent aussi de no-
tables succez. Autrement certes il s'obligeroit à
          reparer

reparer toutes les fautes de ceux, qui ont de bon-
nes intentions : & s' il n' y avoit que là seule pro-
bité, qui fust heureuse dans le monde, il banniroit
la prudence de la vie civile, & l' adressee du train
des affaires.

§. 3. Itaque si ab hac cooperantis Numinis
assistentia discesseris, secundæ partes *humanæ
prudentiæ* erunt, quæ quidem usu rerum ac experientia maxime paratur, sed & præceptis ac
exemplis haut parum instruitur. Etenim , ut
iterum Auctoris modo laudati verbis utar, *ibidem Disc. 2. Il n' y a rien, qui polisse plutost un esprit
bien fait, que la Politique & l' Histoire, ni qui luy
soit plus utile , que le commerce avec les morts &
avec les absent. Là il cognoit en peu de temps les
affaires de plusieurs siecles ; là il jovit de l' experience de tous les grands hommes , qui l' ont pre-
cedé ; & la enfin il trouve des lumieres, qui l' em-
peschent souvent de faillir , & qui lui monstrent
les escueils, qu'il luy faut passer, & les embusches
dont il se doit prendre garde. Pour le moins à la
faveur des Livres & de l' estude il gagne cela, qu'
il n' est gueres jamais tout à fait surpris, quoi qu'
il arrive, & qu'il ne survient point d' accident si
nouveau, ni si estrange, qu'il n' ait leu quelque
chose d' approchant ou de semblabe. La vie de l'
homme est si courte ou si traversee, qu' à grand peti-
ne suffit elle à cinq ou six importantes negotia-
tions; & d'ordinaire ceux, qui n'ont que le simple
sens commun pour agir, crissent de vivre, ou n' ont*
                                                point

point de ſanté, quand ils ont de l' experience. Au
contraire ceux que l' eſtude, prepare, & que la
Philoſophie guide, reuſſiſſent promptument, s' ils
ont le diſcours bien ſain; ils ſont habiles dés qu'
ils touchent les affaires, & ont le meſme abantage ſur les premiers, qu' ont en la peinture ceux
qui poſſedent la ſcience des deſſeins & des proportions, ſur ceux, qui n' ont rien d' acquis,
quand ils commencent à peindre. Fatendum tamen, parum hic certitudinis eſſe, &ſæpe honeſtas
rerum cauſas, etſi judicium adhibeas, perniicioſos
exitus conſequi, dum *etiam ſalubriter deſtinata
omni ratione potentior fortuna diſcuti. Curt. Lib.
3. c. 8. fin.* La boye meſme des Exemples eſt ſi trompeuſe, & le paſſé juge ſi mal de l' abenir, qu'on n'
en peut conclure rien de certain. Et comme on ne
boit gueres deux biſages egalement beaux, ni
deux jours, qui ſe reſſemblent parfaitement; De
meſme la Condition des affaires eſt touſjours diberſe, on la bertu & la fortune de ceux, qui les
traitent, ne ſont pas egales. Et derechef, comme il
n' y a gueres de ſujet à deliberer, qui n' ait deux
faces, ni de parti à ſuibre, nui n' ait ſes raiſons: il
n'y en a point auſſi qui n' ait ſes exemples, & des e-
benemens; qui les faboriſent. Silbo au meſme lieu,
Inde eſt, quod ———— *Proſperum ac felix ſcelus
Virtus bocatur; ———— Senec. in Herc. Fur.*
Act. 2. b. 47. Et occiſus Dictator Cæſar aliis peſſimum, aliis pulcerrimum facinus bidebatur, Tac 1.
Ann. c. 8. Nam prout exitus factum appro-
bat,

bat,aut favor fubeft, hominum quoque judicia
fequuntur, qui fortunatum facile prudèntem,
fortem, magnanimum, & quicquid is voluèrit,
effe credunt. Quapropter *quis negat, eximiam
quoque gloriam fapius fortuna quam virtutis effe
beneficium?* Curt. *lib. 8. c. 10.* Sed & hoc conce-
dendum. *Nunquam diu eodem vestigio stare fortunam, femperque homines, quantamcunque fe-
licitatem habeant, invidiam tamen fentire majorem. Idem l. 4. c. 5.* Et fi vere æstimare volumus, à providentia Divina minime alienum puto, ut fi pie ac prudenter omnia agantur, *virtutem* etiam fortuna *fequatur, Lib. l. 4. c. 37. & l. 5.
c. 15.* Itaque tunc demum ad hoc gloriæ fastigium
pervenire, ac admirationem hominum confequi
poterimus, fi virtutem fortuna provexerit, u-
trique verò prudentia comes adfuerit. Hinc
promanare neceffe eft Heroicas plane actiones, quas cum stupore cuncti intueantur, di-
gnosque forte etiam ampliffima judicent, quos
ita reliquos antecellere cernunt. Prudentur *Ma-
chiavellus Lib. 3. c. 34. Difcur. Tres,* inquit, *in uni-
verfum mihi videntur effe res, per quas existima-
tionem aliquam apud populum comparere poffis;
& earum quidem primum locum obtinent Majores tui, ex quibus pronatus es, qui fi viri forte,
atque excellentes fuerint, fimilem de te fpem,
atq. opinionem apud homines excitabunt. Secun-
dum locum obtinet vita ratio. Itaque non nifi cum
viris egregiis & virtute praditis converfari*
oporte-

oportebit, ut similem de te opinionem excites, nam
talem te homines esse opinantur, quales ii sunt,
cum quibus conversaris ; necessum quodammodo videtur, ut similitudo aliqua sit inter eos, qui
subinde simul sunt. Summum denique instrumen-
tum conciliandæ tibi auctoritatis atque existima-
tionis est, si aliquid vel publice vel privatim pa-
traveris, quod honestum simul ac memorabile sit.
Longeque certiora sunt judicia, quæ ex hisce argumentis desumuntur, quam quæ ex binis prioribus dependent. Nam quæ sumuntur ex Parentibus
argumenta virtutis, admodum dubia sunt, & sæpe hominibus imponunt, nec quicquam certi con-
tinent, donec res ipsa suo tempore testimonium
suppeditet. Quæ ex vitæ ratione & amicitiis, quas
colis, sumuntur, aliquanto hisce certiora sunt,
nondum tamen tam firma, ut quæ ex actionibus &
rebus gestis colliguntur. Plurimum igitur possunt
ad conciliandum vel bonam vel malam existima-
tionem apud populum, quæ principio statim ætatis
à te memorabilia patrantur, usque adeo, ut nec
facile aboleatur eorum memoria aliis contrariis-
que actionibus. Itaq; in id studium unice incum-
bere debent, qui in republica emergere cupiunt,
ut prima ætate alicujus singularis virtutis docu-
menta edant. Romæ id certe ita facilitatum est
multis; quamobrem solebant aliqui vel legem aliquam rogare, quæ Reipublicæ salutaris futura videretur; aut potentem aliquem civem, qui in leges delinqueret, accusare, aut aliquid aliud face-

re,

rò, de quo necesse esset sermones apud multos ha-
beri. Nec semel tantum fuerit tale quidpam pa-
tiandum, sed iterum atque iterum nobis virtu-
tum documentis rerum jam ante gestarum me-
moria renoband2 confirmandaque, ut praclara-
de te sentiant homines.

§. 4. Summa igitur acquirendæ conservan-
dæque omnium benevolentiæ in eo consistit: *ut*
*diligamur; deinde ut fides nobis habeatur;*quod
cum *Alcibidei* deesset, summus ille cæteróquin.
alliciendis hominum studiis artifex toties *A-*
thenis expulsus nullibi stabilem sedem nanscisci
potuit; *Timebatur enim non minus quam dilige-*
batur, ne secunda fortuna magnisque opibus cla-
rus Tyrannidem concupisceret ;cumque esset sum-
mo ingenio, nihil eum efficere non posse ducebant,
ex quo factam,ut omnia minus prospere gesta ejus
culpa tribuerent , eumque aut negligenter aut
malitiose fecisse inguerent. Corn. Nep. in Vita
Alcibiad. c. 2. Fides autem ut nobis habeatur,
contingit, si existimabimur adepti conjunctam
cum justitia prudentiam. Nam & justis hominibus,in quibus fraudis injuriæque nulla suspicio ;
Aliis, quos plus intelligere quam nos arbitra-
mur,quoq; & futura prospicere , & cum res agatur in discrimenque ventum sit, expedire rem,&
consilium ex tempore capere posse credimus,
fidem facile habemus, *bisque salutem nostram ;*
bis fortunas bis liberos rectissime committi arbi-
tramur.Plus tamen posset justitia, quippe cum va-

G   *sive*

fine prudentia fatis habeat auctoritatis, pruden-
tia fine juftitia nihil valeat ad faciendam fidem;
quo quis enim verfutior & callidior eft, hoc infifior
& fufpectior detracta opinione probitatis, Cic. 2.
Offic. faepeque nimia opinio ingenii maximo
malo effe folet. Denique retineri ac ftabiliri diximus *charitatem probitare fita, dexteritate ac*
magnanimitate in rebus gerendis. Ob has enim
virtutes eos etiam quodammodo diligimus, &
magni facimus, quos nunquam vidimus, & de-
functorum quoque memoriam gloriofa recor-
datione profequi folemus. Superftites vero licet
fumma adeptos converfa in admirationem invidia ultro amplius efferre ftudemus. In quibus
igitur excellentes quaedam fingularesque virtutes perfpiciuntur, his affluere ac conferri omnia
nemo bonus indignatur. Quibus autem nihil
virtutis, nihil animi, nihil nervorum ineft; quos
neque labor, neque induftria, neque cura ulla
exftimulat, quique nec fibi nec aliis profunt,
hos defpici ac contemni ab omnibus videmus,
Cic. ibid. Maxime tamen cum veneratione di-
ligunt homines, quos carere intelligunt iis vitiis, quibus alii non facile poffunt obfiftere;
nam & *voluptates, blandiffima Domina fepe ani-*
mum à virtute detorquent. Cic. ibid. & dolorum
adverfitatumque cum admoventur faces, praeter
modum plerique exterrentur. Vita, mors, di-
vitiae, paupertas, ira, odium, amor etiam inor-
dinatus, itemque invidia, plerosq; homines ve-
he-

ᵬementiſſimè permovent; quia qui excelſo ani-
mô vincunt ac deſpiciunt, & inter ipſa pericula
intrepidè verſantur, nec ullatenus afficiuntur iis
rebus, ad quas pleriſque inflammati aviditate,
rapiuntur, meritò ſummi mortalium habentur.

Epilogus.

Rɛrum agendarum poſt Summi Numinis
patrocinium præcipuum adminiculum
eſt ſociata hominum multorum opera,
tiam & magna negotia magnis adjutoribus e-
gent, *Vellej. Pater. 2. H. 127.* & rei quoque familiaris auxilia communis vita ab hominibus petere cogitur. *Cic. 2. Offic.* Imperia quidem ac
Principatus, & omnes in univerſum Reſpubli-
cas ſeu pace, ſeu bello conſideres, nemo in iis
res præclaras geſſerit ac ſalutares, qui non in
partem curarum præſtantium virorum ſapien-
tiam ac virtutum advocaverit, multorumque,
in manibus uſus fuerit. Sanè cunctas Nationes
& Urbes populus, aut Primores, aut ſinguli re-
gunt; *Tac. 4. Ann. 33. 1.* Sed hi, velut capita in
corpore naturali, reliquorum membrorum fun-
ctionibus indigent; vel quæ per univerſos fuere decreta, ſingulorum opera exequitur.
Quanta autem conſpiratione, quantoque con-
ſenſu ſuſtineri oporteat ſtatus publici fortunam, quo ſibi tantum conſtet iſta compages,
G   etiamſi

etiamſi nemo foris turbet, atque aliunde impellat? Itaque ad beatam civium vitam haut ſuffi-
cit, ſi moderatores Rerum publicarum, legum,
morumque curam gerant, nullum ſubditis op-
primi patiantur, bello denique fortes ſint; ſi
non imperium quoque in volentes exerceant,
dignitatemque ac faſtigium ſuum, inviſum fere
ex plano intuentibus, moderatione tueantur.
Et profecto omnis ævi exempla hoc docent,
ſanctiſſimos ſæpe viros peſſima hic uſos fortuna,
dum vero honeſtoque tantam ineſſe vim cre-
diderunt, ut ſine ulla arte externa ſola ſemper
queant ſufficere ad continendas in officio
mentes humanas. Hunc pernicioſum erro-
rem *Cicero* in *Catone* notat, de quo ad *Atticum*
ſuum *l.2. Ep.1.* ita ſcripſit: *Catonem noſtrum non*
tu amas plus quam ego, ſed tamen ille optima ani-
mo utens & ſumma fide nocet, interdum Reipu-
blicæ; dicit enim tanquam in Platonis πολιτεία,
non tanquam in Romuli fæce, ſententiam. Et ſi
id quod res eſt dicendum, inter cauſas tantæ
converſionis in Republica *Cato* etiam, & qui
eum ſecuti ſunt, exſtitere, quorum conſilia for-
tiſſima quidam ac honeſtiſſima forſan, ſed temporibus illis haut congrua fuerunt, quippe da-
negtndo *Cæſari* promiſſum Conſulatum ad civile bellum properaſſe videntur, & quem omni
modo delinire debuiſſent, hunc intempeſtive
abalienarum in ipſorum perniciem & vetuſti-
ſſimæ libertatis excidium provocaverunt. *Galba*
                                                    quoque

quoque Imperator omnium obsessus caput Imperii judicatus; nisi Imperasset; *Tacitus* qui si
& vitam & imperium perdidit, dum cuncta ad
veterem disciplinam revocando nullis ritus
delinimentis, & destituto *Nerone* in partes
suas transgressos Prætorianos donativis fraudi-
rur; Constat enim, *teste Tacito l. 1 Hi. 19. s.*
potuisse conciliare animos militum quantula-
cunque parci Senis liberalitate; sed nocuit (*inquit ille*) antiquus rigor & nimia severitas, cui
jam pares non sumus. Cautior *Augustus*, qui
prudenti indeque felici instituto, ubi militem
donis, populum annona, cunctos dulcedine
otii pellexit, insurgere denuo idque paulatim,
& nullo adversante omnia in se trahere cœpit,
sibique Principatum in perpetuum firmavit. *Id.
1. Ann. 20 2.* Itaque cum amore ac studiis omnium fere subniteretur, non solum domi improbos facillime, coercere potuit, sed nec ad pro-
ganda externa bella fides ac virtus civium suorum unquam ipsi defuit. Tacet igitur ex sententia *Boccalini Cent. 1. Rel. 69. in fin.* verissi-
mum sit, offensionem ac odium subditorum ef-
fugere eos vix posse, qui justitiæ administran-
dæ præsunt; perinde ut inveteratum malum
ubique grave cruciatq; Medici tollere nequeunt;
temperamento tamen hic locus est, ut si perite
ac prudenter officio suo fungantur, idem usu
veniat; quod de sole æstimat *Plinius lib. 3. Ep. 9.
in fin.* Nimirum ut justitiæ quidem in præsenti

eos quibus restitit, offendas, deinde ab illis ipsis
suspicieris laudeturque, eandem scilicet virtutem mox admirantibus, cui paulo ante ira-
scebantur, ubi vero reverentia ac parendi a-
mor penitus excussus, & commune multorum
odium adversus unum conspiravit, huic nullae
opes posse resistere multoties fuit cognitum.
Sed & privatae fortunae eadem est conditio, cujus & incrementa & interitus maximam partem ab hominibus dependent: Nam & ea
quae ad vitam nostram tuendam conservan-
damque pertinent, pleraque sunt hominum o-
peris effecta, quae nec haberemus, nisi manus
& ars accessisset, nec his sine hominum admi-
niculis uteremur. Neque enim valetudinis
curatio, neque navigatio, neque agricultura,
neque frugum fructuumque reliquorum per-
ceptio ac conservatio sine opera hominum ulla esse potuisset. Jam vero & earum rerum,
quibus abundaremus, exportatio, & earum,
quibus egeremus, invectio certe nulla esset, nisi his muneribus homines fungerentur. *Cic.* 2.
Offic. Caeterum sicut ad amplificationem rerum nostrarum plurimum confert isthaec societas, sic ab injuriis hominum maximae quoque
clades inter acsemetipsos proveniunt adeo, ut
referente *Cic. ibid. Dicaearchum Libro de Interitu
Hominum* adserere audeat: Longe plures dele-
tos esse hominum impetu, id est, bellis ac sedi-
tionibus, quam eluvione, pestilentia, & omni
reliqua

reliqua calamitate. Quæ quidem eo pertinent,
ut intelligatur, quam arcto intense vinculo genus humanus connectatur, quodque ea propter
omnis ratio & institutio vitæ adjumenta hominum desideret. Quod cum neminem in dubium
vocare persuasum habeam, *proprium hoc esse*
virtutis, cum Cicerone dixit Stoico, Conciliare
sibi animos hominum, & ad usus suos adiungere.
Id autem his potissimum modis obtineri posse
reos: Primum quidem *elegantia ac facilitate*
morum, queis aditum quendam nobis præpare-
mus, ut in universorum animos tanquam insinuere
possimus; deinde *iucunda ac moderata conver-*
satione cum iis, quibus cum congregamur; porrò
exercitio earum virtutum, quæ pertinent ad
mansuetudinem & humanitatem; & denique *singulari quadam in rebus agen-*
dis dexteritate.

FINIS.

INDEX
Rerum & Doctrinarum
Politicarum.

Numeri soliterii & punctis interstincti, pagi-
nas ipsas: commatibus vero tantum separati,
alter paginam, alter paragraphum Tractatus
de Conciliatione Animorum,
designant.

Agere

Pub.

CPSIA information can be obtained
at www.ICGtesting.com
Printed in the USA
BVHW030910300821
615581BV00001B/23

9 781104 677657